JN308313

それいゆ

復刻版別冊

太陽の子ソレイユ。英語で言へばサン・フラワー、日本語ではヒマワリ。氣高く強く美しくと花言葉もそのままに。夢と憧れをこめて、フランス語でソレイユと名付けました。新しい表現と、高い知性を求めて、太陽に向つて咲く——ソ レ イ ユ

それいゆ 表紙集

昭和21年8月号

昭和21年12月号

昭和22年2月号

昭和22年5月号

昭和22年9月号

昭和23年3月号

昭和23年7月号

昭和23年11月号

昭和24年2月号

昭和24年6月号

昭和24年9月号

昭和25年3月号

昭和25年6月号

昭和25年8月号

昭和25年11月号

昭和26年2月号

昭和26年5月号

昭和26年8月号

昭和26年11月号

昭和27年3月号

昭和27年5月号

昭和27年9月号

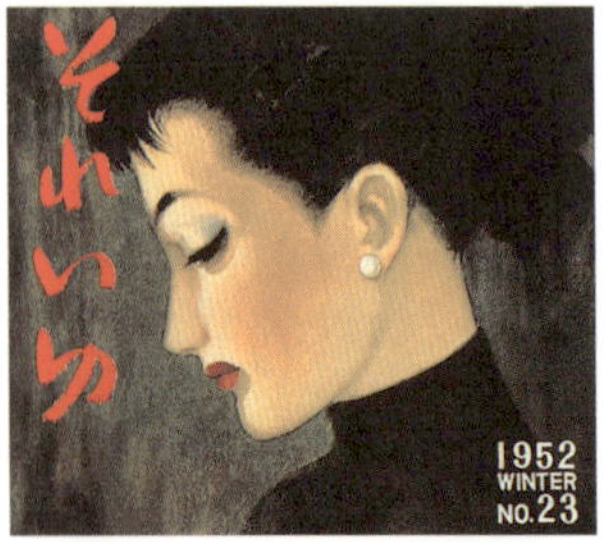

昭和27年12月号

昭和28年2月号

昭和31年1月号

昭和30年2月号

昭和29年2月号

昭和28年5月号

昭和31年4月号

昭和30年5月号

昭和29年5月号

昭和28年6月号

昭和31年6月号

昭和30年8月号

昭和29年8月号

昭和28年8月号

昭和31年8月号

昭和30年11月号

昭和29年11月号

昭和28年11月号

昭和33年10月号

昭和33年2月号

昭和32年6月号

昭和31年10月号

昭和33年12月号

昭和33年4月号

昭和32年8月号

昭和31年12月号

昭和34年12月号

昭和33年6月号

昭和32年10月号

昭和32年2月号

昭和34年4月号

昭和33年8月号

昭和32年12月号

昭和32年4月号

「それいゆ」臨時増刊から

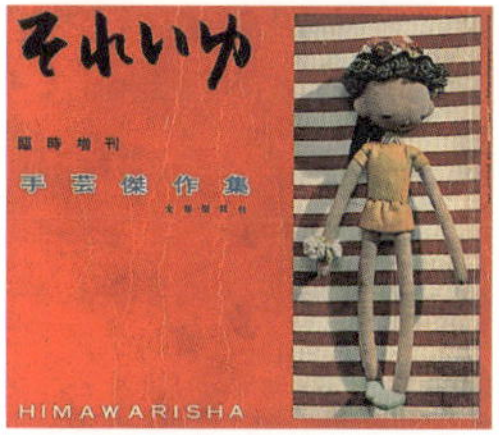

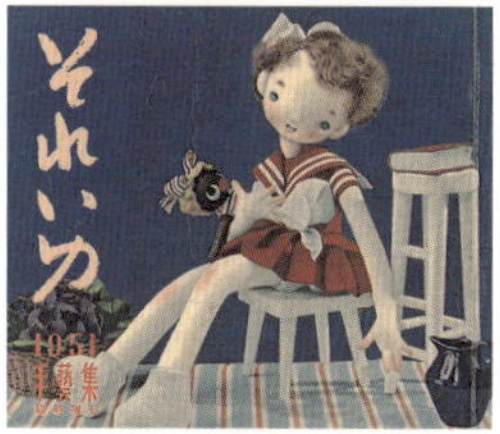

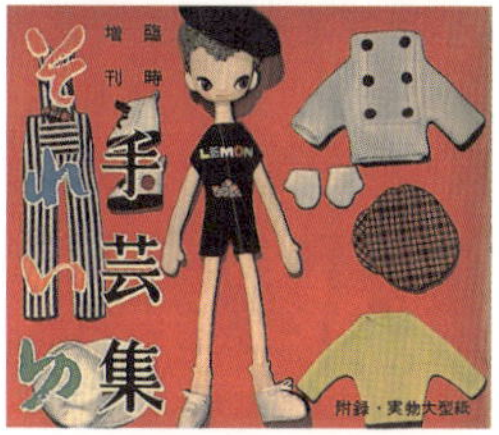

昭和35年2月号

昭和35年4月号

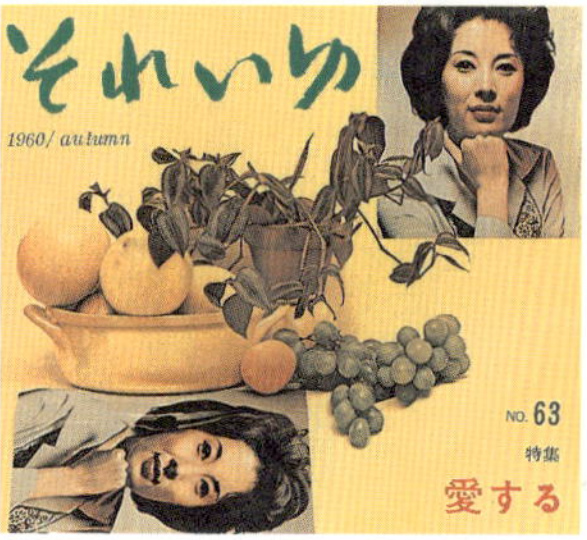

昭和35年8月号

昭和34年6月号

昭和34年8月号

昭和34年10月号

昭和34年12月号

昭和22年9月号（第5号）より

刊行にあたって

終戦間もない昭和二十一年――焼跡の中に奇跡のように誕生した雑誌『それいゆ』。

それは希望を失い、ただ生きるだけの日々を送っていた戦後の女性たちに夢と美の世界を与えるため、中原淳一氏がその全身全霊を打ち込んだ雑誌でした。華麗で斬新なその雑誌づくりによって、女性たちは荒廃した生活からいきいきとした新たな世界に導かれたのです。常に後に続く全ての雑誌の模範であり続け、完璧なまでにディレクションされたその誌面は、一冊一冊がそれぞれ中原淳一氏の小宇宙であるかのようなきらめきに満ちています。

かつて小社が復刻版を刊行した中原淳一氏編集の雑誌『ひまわり』『ジュニアそれいゆ』に引き続き、ここに氏の原点ともいうべき『それいゆ』復刻版をお届けいたします。懐かしさだけでなく、現代でもそのまま通用する「中原淳一の世界」の驚き――心ゆくまでお楽しみいただければ幸いです。

国書刊行会

昭和30年8月号（第35号）より

SOLEIL

復刻版別冊

目次

それいゆ表紙集 …… 3
刊行にあたって …… 9
わたしと「それいゆ」…… 瀬戸内寂聴 12
「それいゆ」の歴史と中原淳一
■第一章　「それいゆ」誕生 …… 14
中原淳一先生の残されたもの …… 植田いつ子 18
■第二章　新しいファッションブックとして …… 24
くらしの夢を教えてくれた …… 吉沢　久子 26
偉大な天才 …… 芦田　淳 33
JUNICHI NAKAHARA SUPERSTAR …… 新町　真策 36
■第三章　パリへ …… 38
中原先生の不思議な線 …… 花井　幸子 40
■第四章　女性のくらしを新しく …… 43
憧れのひと …… 金子　功 46
まぼろしの少女たち …… 宇野亜喜良 48
■第五章　誌面を飾ったスターたち …… 50
夢とロマンと優しさと …… ペギー葉山 50
オシャレさん …… 朝丘　雪路 52
花の絵のひと …… 淡路　恵子 57
「それいゆ」の想い出 …… 司　葉子 58
■第六章　病魔との闘い …… 66
美による救世 …… 美輪　明宏 68
「それいゆ」総目次 …… 70

ETSURO

わたしと『それいゆ』

瀬戸内　寂聴

私の少女時代は『少女の友』で詩情を育まれた。その中に中原淳一というロマンチックな絵を描く人があらわれ、同郷の徳島生れで、私と同じ新町尋常小学校の同窓だと知った時は、どんなにか嬉しかっただろう。ちなみにその小学校は、武原はん女も卒業生として送り出している。

いつだったか『少女の友』で、中原淳一が、草を描く時はふるさとの草の姿が浮んでくる。子供の頃見た草のやさしさを知らず知らず描いていると書いていたのを見て、私の生れた、子供時代、町のどこにでも揺れていたやさしい草の姿がなつかしく郷愁を誘って思い出されたものであった。

私は熱狂的なファンで、雑誌の巻頭にはさみこみでついている絵を全部切りとってスクラップして、何冊も宝物のようにためていた。戦災ですべて焼かれてしまったが、まだ私の目の中には、それらの絵が鮮やかな色彩を伴って当時のままに浮んでくる。その頃の私は生きている間にまさか中原淳一に逢う日が来るなど想像も出来なかった。

運命とは実に不可思議なものである。

結婚して北京へ渡り、引揚げてきた私は、離婚して、物を書く仕事を選んでいた。

家を着のみ着のままで飛び出した私は、京都へ流れつき、そこで暮しはじめた。

ある大病院の図書室に勤めていた頃、ふと、その頃、中原淳一が出版している『ひまわり』という雑誌を手にとり、なつかしさでそれをむさぼるように見て、少女小説を募集しているのに目をとめ、興味にかられて応募してみた。それが懸賞に当選して『ひまわり』に載ったことから、この世で中原淳一という憧れの人と、縁が結ばれたのであった。

『ひまわり』のお姉さんクラスの『それいゆ』が出たのは、戦後の荒廃の世の中に、まるで灯がともされたような明るさで、若い女性たちに生きる喜びをとりもどさせた。

しゃれて、スマートで、エレガントで、ゴージャスで、そこには長い戦争で奪われてしまった若い女たちの夢があわれな花のように盛りこまれていた。私はもう三十代も半ばの、離婚して放浪中の身の上なのに、現実のきびしさを忘れて『それいゆ』を読んでは心を慰められていた。他の大方の読者も多かれ少なかれ、失われた、あるいは奪われた平安な幸福や、果さ

昭和46年　中原淳一の雑誌「女の部屋」で対談

れなかった夢のなごりを、その中に見出していたのではないだろうか。

それでも、そういう雑誌が生きのびるには余りに現実的な夢のない時代が来て、人は、夢を見る能力を忘れてしまい、現実の物と、金だけに目がくらんでしまうようになった。

いつのまにか『それいゆ』も落日の期が来て消えてしまった。

私はいつのまにかなりたかった小説家になっていた。

はじめに少女小説を書き、その後やがて大人の小説を書きはじめた。

今度、この機会に『それいゆ』の全目録を見直して、私もその目次の中に二度短い小説とエッセイを書かせてもらったことを発見した。『ひまわり』にも二度書いたが、それは覚えていた。しかし『それいゆ』にも書いていたのは、全く忘れていたので、思いがけずプレゼントが届いたようにわくわくした。

一つは昭和三十二年の十月発行四十七号で、新人特集に載っている小説である。目次に題もないので、思い出せない。昭和三十一年度の新潮同人雑誌賞をもらったばかりなので、まさに新人もホヤホヤのところである。

もう一つは昭和三十四年二月発行第五十五号のエッセイで、これは「若さということ――衝動」という題である。ところがこれも、どうしても思い出せない。

それでも遠藤周作さん、村松剛さん、曽野綾子さん、桂芳久さんなど、後に仲よくなった小説家のお友だちの名が並んでいるのがとても嬉しい。

中原淳一さんとは、この後ずっと年月がすぎて、お逢いした。雑誌の対談であった。あちらも私が同郷だということを御存知で、なつかしい話が出て嬉しかった。

もうかなりお年を召していらしたが、ダンディで美しく、魅力的だった。やさしい口調で、ぽつりぽつりお話しになるのが、心にしみ透るような感じであった。お体を悪くされたのが、ようやく治られたという時であったので、お心は新しいお仕事に燃えているのに体力がまだついて来ないともどかしそうだったのが辛かった。

『それいゆ』が復刻され刊行されると聞くのはまことに朗報である。

七十七歳のローバになって、あの華麗な雑誌をもう一度くり返し読むと、どんな嬉しい夢がもう一度見られることかと愉しみでならない。

「それいゆ」の歴史と中原淳一

■第一章　「それいゆ」誕生

昭和二十一年八月、何もかもが灰色の焼け野原のような東京で、輝くような真っ赤な表紙の「それいゆ」第一号は創刊されました。

　前年の二十年、敗戦で瓦礫の街と化した東京に復員した中原淳一が目にした光景は、生き残った人々がなりふりかまわず、夢多いはずの女学生までが夢も希望も忘れ、今日一日をしのぐための食糧の調達に汲々としている姿でした。

「これではいけない。暮らしに夢と希望を与え、本当の意味で美しい暮らしを知る本を作りたい」

　戦前から少女雑誌の仕事に携わっていた淳一は当時の雑誌の持つセンチメンタリズムを嫌い、今度こそ自分自身の信念に基づく雑誌を作ろうと考えます。電車すらまともに走っていない焼跡の中で、三十二歳の淳一はもう当てにならない昔の名簿を頼りに、執筆者のアドレスを探し、カメラマンと訪ね歩き、紙の確保もままならない状況の中で新しい雑誌作りに全身全霊を傾けたのです。

　戦前すでに「少女の友」の表紙絵画家として絶大な人気を得ていた淳一ですが、「それいゆ」の創刊にあたっては、個人雑誌のような印象をもたれないようにと、敢えて自分では表紙絵を描かずに木部清という画家に依頼

創刊号の編集後記（抜粋）

編輯後記

野草の食べ方、肺病に効くお灸と言つた樣なものは、この「ソレイユ」の編輯方針ではない。私達の周圍は餘りに凡てが美しくない。今出來る事、今着られる服だけをのせてゐたら、この「ソレイユ」の存在價値はない。

　こんな本はくだらないと言はれるかも知れない。お腹の空いてゐる犬に薔薇の花が何も食慾をそゝらない樣に。

　然し私達は人間である!!

　窓邊に一輪の花を飾る樣な心で、この「ソレイユ」を見ていたゞきたい。

創刊号（昭和21年8月号）の表紙

しています。第二号以降は藤田嗣治、長沢節、岩田専太郎、宮本三郎、木下孝則が担当、その中で第三号、第七号は淳一自身の手によるものです。おそらく淳一の表紙絵を望む声が高かったのでしょう。昭和二十四年の第九号以降は、病に倒れて病床で描いた第六十号まで、全て淳一が表紙絵を描いています。

「読んでいるうちに読者がいつの間にか本当の意味での美しい暮らしを知り、優しい美しい、賢い女性になっていくような本」

　中原淳一が掲げた理想は、一つ一つ誌面の上に具体的な形となって表われていきます。

　戦争で華やかな色彩も、自分のために装うことも禁じられ抑圧された生活を送り、やっと平和と自由を得た女性達。それでも、敗戦によって突然それまでの価値観が覆された上に、まだすべてが貧困で劣悪な状況の中にあり、方向性さえ見出せずにいる彼女達に、「それいゆ」は気持ちの持ち方や人との接し方から、花の飾り方、古い洋服や着物を新しく作り直す方法など、一つ一つ身近なところから「美しく装う」こと、「美しく暮す」こと「自分らしく、豊かに生きる」ことを教えているのです。

　創刊号から数年間の編集後記や巻頭言からは、淳一をはじめとして、淳一の考えに賛同して集まった編集部員達の情熱と使命感がひしひしと伝わってきます。

　創刊号の編集後記の最後に書かれている「季刊雑誌は、年四回発行であるだけに、充分凝れる代わりに、三ヶ月間愛読せられるものでなければならない」という言葉の中に、雑誌編集の根幹とも言える思想が伺えます。

　子供の頃から二人の姉が少女雑誌を読む姿を見て、雑誌が読者に与える影響や役割につい

第2号（昭和21年12月号）の編集後記（抜粋）

編輯後記

永い間の灰色の軍國調に、色彩も、潤ひも、一切を閉ざされて、夢のない殺伐な生活を強ひられて來たが、やつと平和になつた現在でも、まだまだ滿ち足りた生活からは程遠い狀態なのに、多種多樣なジャーナリズムに目新しい流行を示された所で、一向に親しみは感じられないことと思ふ。例へば何も材料のない現在なら戰時中着古されたモンペの更生法を記事にすれば最も實用的なのであるが、若い女の人達は夢を忘れてはならない。目を肥して居なければならない。滿ち足りない世の中であるからこそ私達は夢を求めて生きて行かなければならない。そんな意味で若い人達の夢の世界を創るために『ソレイユ』は企畫されたのである。

―中略―

藝術を研究するのなら專門書は外に澤山あるのだから、『ソレイユ』は貴女に藝術を論じてはならない。しかし專門と云ふ言葉から離れた香りの高い藝術への理解を一つの夢として、直接生活に結びつけていたゞくのが『ソレイユ』の使命である。

淳一が描いた最初の表紙。第3号（昭和22年2月号）

て、深く考えるようになっていた淳一がその信念に基づいて作った「それいゆ」は、まさに現代の女性雑誌の原点と言えるもの。そこに溢れている様々な提案は、今見ても決して古びることなく、いつの時代も変わることのない、女性として、人間として生きていく上でのテーマを提示しています。

第3号（昭和22年2月号）の編集後記

編輯後記

近ごろ街を歩いて目に快いものは、女性の服裝が大分きれいになつて來たことである。もちろんそれらの人が身にまとつてゐるのは、眞新しいものや高價なものではないにもせよ、ともかく何らかの創意と工夫とをこらして、戰爭中の薄汚なさから逃れ出ようとする意志は、ありありと反映してゐる。

＊

女性が美しくなることは良いことだ。それがこんな荒々しい時代であればあるほど、美しく裝ふといふことは、單に女性の本能といふよりも、せめて女性だけでも美しくあつてくれることに救ひをさへ感じさせる。

だが、その美しさとは、高價なもの派手なものをピラピラさせることではない。裝ふとは身も心も裝ふことだ。心美しからざる人がどんな衣裳をまとふとも、人の魂を打つ美は生じて來ない。我々がモードやファッションに多くの頁をさきながらも、香り高い藝術の紹介を怠らないのも、その所以である。このことは見方を變れば、流行や服飾の記事の中からも、その底を流れるものを汲みとつて貰ひたいことである。髪の型や衣裳調べの寫眞を觀るだけで感心せず、この洗煉された髪や衣裳を、充分己れのものに出來るだけの努力を怠つて貰ひたくない。

＊

最近はアメリカ映画も存分觀られるし、あちらの流行雑誌を觀る機會も多くなつた。しかし、アメリカ女優の服裝や流行雑誌の服裝を、一般アメリカ婦人の全部がしてゐる譯ではない。ひとりアメリカの流行のみならず、廣く世界の流行を知ることによつて、自らの裝ひの中で古くあきあきしてゐるであらうものから、新しい美を發見してそれを取入れるのはいいが、洋裝といふものは、體格も肌色も髪の色も、生活樣式、環境、考へ方に至るまで我々と違ふ外國人のために作られたものだといふことは、常に念頭におくべきである。

＊

それは、戰爭中の譯もなく神がかりじみた日本美の再檢討とか傳統の美の尊重などを指すのではない。むしろ世界的な美の水準の上に立つて、新しい日本美を生み出さうといふのである。

我々の念願とするのは、一日も早く日本人が、日本の生活樣式とか今の生活環境の中から、新しい服裝を作り上げて、しかもそれが世界共通の美しさであつて、各國人に美を感じさせ、各國人に誇り得るものであつて欲しいのである。

その一事のために、その目的のために、ソレイユは如何なる努力をも惜しみはしない。

つぎはぎの服

中原淳一

小布や餘り布で作つた家庭着である。外出着を作るには餘り大膽なことも出來まいが、家庭着なら思ひきつた試みが出來る。つぎはぎの服とはつまり思ひつきの良さなのだから、更生にみせまいなどとせず、更生の良さを大膽にみせる行き方がいい。コッといつては、幾種類ものものを一つに取入れるのだから、色彩と地質の調和を一番考へねばならぬ。つぎはぎを大いに樂しんで、しかもつぎはぎのみじめさをみせずに。これは作る人着る人の感覺による。ともあれつぎはぎの家庭着だからと投げやりに作らずに、かへつて愛情をこめて作らねばいけない。

（1）縞を二ヶ所V字型にあつかつた。ここでは全部無地にしてあるが、各段ごとに異つた布でもいい。ただ本當に縞を生かすならやはり縞以外は無地か目立たぬ模樣の方がいい。

（2）簡單なドレス全體に大膽な模樣を描いた。これは無地のつなぎ合せでもよし、柄と無地でも自由だが、二色がくつきり使ひわけられないとおかしい。

昭和22年9月号（第4号）に発表された「つぎはぎの服」。余り布をつないで新しい服にするアイデアは淳一のオリジナルで、この後もたびたび誌面で紹介された。パッチワークのはしりである。

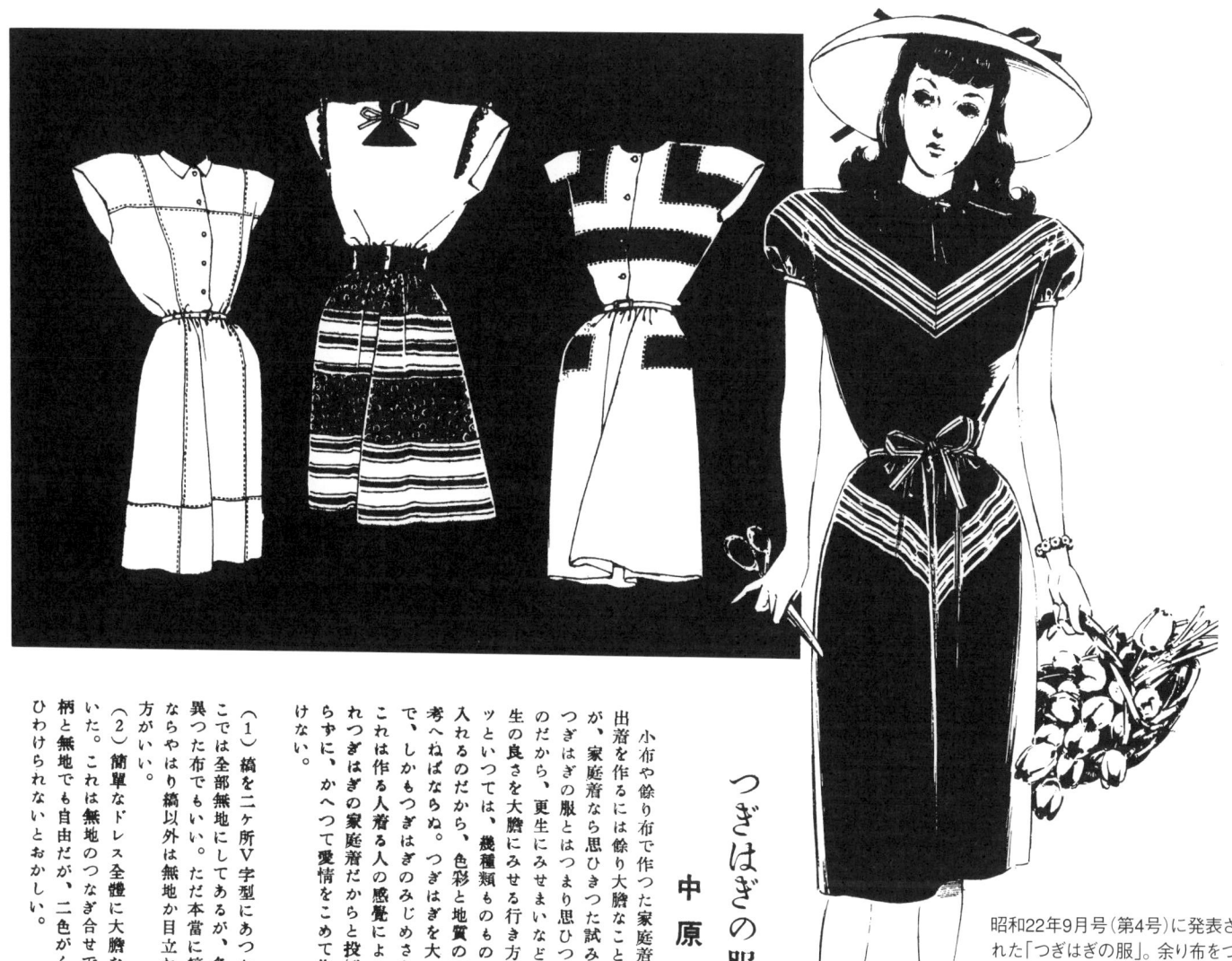

中原淳一先生の残されたもの

植田いつ子

昭和二十年八月……

あの頃は、限りなく澄んだ空の青さと、きらきらとした陽の光だけが、まばゆいように美しく輝いていました。でも、現実の人びとの姿は疲れはて空ろな目をしながら重い足どりで必死に生きていました。暗い闇の時代のなかで終戦となった今度こそは、ほんとうの人間の自由を、そしてほんとうの優しさを……幸せをと、さまざまの傷みを抑えて祈るように願いながら歩いていました。

昭和初年生まれの私は、小学校から女学校を卒業するまで戦争と共に生きて来ました。何故?……どうしてと問いかけるいとまもないまま奔流のような時代の波しぶきに、きりもみされていました。少女期に見聞きしたことは衝撃的なことの連続で、脳裏にきざみこまれた人間の哀しみは、私のこころの底深く沈澱しているようです。食糧や衣料など現実的なものの不自由さのみならず、すべての「美しいもの」に飢えていたのです。はじけそうな精神《こころ》の飢餓でした。美しいものへのあこがれは日に日に強くなり、気がついたら私はデザイナーへ

の道を選んでいました。手あたり次第に美しいものを探し求めていたときでした。そのときのひとつの出会いが中原淳一先生の絵や「ひまわり」「それいゆ」という雑誌でした。あの時代のすべての女性が（特に少女達）見失っていた未知の夢の表現として、中原淳一先生の絵に釘づけにされたのです。

大きな真黒いつぶらな目、すんなりとした体の線に、なんと美しい夢のようにロマンチックな衣裳を着せてありましたことでしょう……。大きな花の帽子や、手に持った愛らしい花籠やハンドバッグ、すべてが夢でした。でもよく見ますと描かれたそれらの服は、そのまますぐに着られそうなのです。作れそうなのです。うっとりとして倦きず眺めていては、物のない時代でしたが似たような布地を探し出し、真似ごとのように作ってもみました。でも、その頃の私の生活は、そんな雰囲気とはほど遠い生活でしたので、ひたすら中原先生の素敵な絵を見ながら、胸一パイにひろがる夢を見つづけていたものです。

それにしても、先生は、あの戦中戦後の混濁した暗い時代に、どうしてあのように美しくゆるぎない絵のスタイルを描き、次々と流れるように女性たちへ夢を送りつづけられたのか……あの時代の日本人とはもっともかけ離れた贅沢さで夢をつむぎ出すエネルギーはどこから湧き出ていたのでしょう……。

戦争という人間の愚かな最も嫌悪する暗い時代背景があったからこそ、中原先生は、無言の抵抗のように美しい夢を描き続けられ、女たちへの励ましと光芒を観せてくださったのかも知れません。そして、いつの時代にも変らぬ装いの心と、一番大切なものをお教えいただいているのです。

（デザイナー）

ふたりはこんな部屋に住む　昭和25年8月号（第14号）

淳一は「住まいのありかた」にも目を向ける。創刊号から、建築家塩川旭が担当する住まいのページが毎号掲載された。インテリアという言葉もなかったこの時代、15坪以内でいかに合理的で、しかも美しく、ゆとりのある住まいが作れるか。居間に台所を作る、働く二人の住居等、新しいアイデアが次々に紹介された。淳一の絵による住まいの工夫も人気を集めた。

「住まい方というものに今までの観念を新たにしなければ、たのしい生活は望めない。まず間借りだといって、どうせ理想的な生活は出来ないだろう、と諦めきってしまわない事だ。住まいは寝る場所であり食べる場所であると考えないで、仕事の外の喜びを作るところであり、自分達の趣味生活を生かす場所でありたい（中原淳一）」

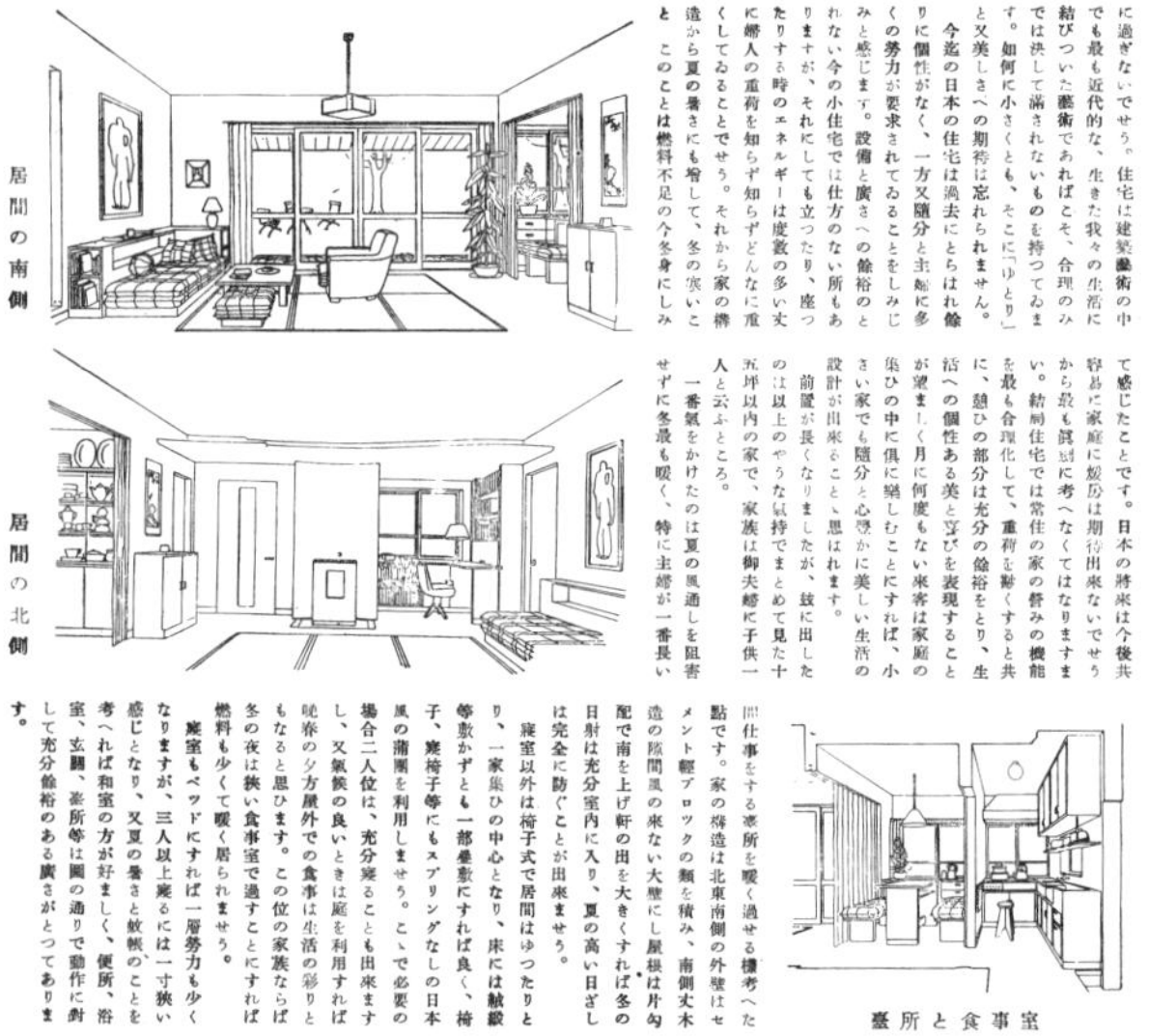

に過ぎないでせう。住宅は建築藝術の中でも最も近代的な、生きた我々の生活に結びついた藝術であればこそ、合理のみでは決して滿されないものを持つてゐます。如何に小さくとも、そこに「ゆとり」と又美しさへの期待は忘れられません。

今迄の日本の住宅は過去にとらはれ餘りに個性がなく、一方又隨分と主婦に多くの努力が要求されてゐることをしみじみと感じます。設備と廣さへの餘裕のとれない今の小住宅では仕方のない所もありますが、それにしても立つたり、座つたりする時のエネルギーは度數の多い丈に婦人の重荷を知らず知らずどんなに重くしてゐることでせう。それから家の構造から夏の暑さにも增して、冬の寒いこと　このことは燃料不足の今冬身にしみて感じたことです。日本の將來は今後共容易に家庭に燃料は期待出來ないでせうから最も眞劍に考へなくてはなりますまい。結局住宅では常住の家の營みの機能を最も合理化して、重荷を輕くすると共に、憩ひの部分は充分の餘裕をとり、生活への個性ある美と寂びを表現することが望ましく月に何度もない來客は家庭の集ひの中に倶に樂しむことにすれば、小さい家でも隨分と心豐かに美しい生活の設計が出來ることと思はれます。

前置が長くなりましたが、玆に出したのは以上のやうな氣持でまとめて見た十五坪以内の家で、家族は御夫婦に子供一人と云ふところ。

一番氣をかけたのは夏の風通しを阻害せずに冬最も暖く、特に主婦が一番長い間仕事をする臺所を暖く過せる樣考へた點です。家の構造は北東南側の外壁はセメント輕ブロックの類を積み、南側丈木造の隙間風の來ない大壁にし屋根は片勾配で南を上げ軒の出を大きくすれば冬の日射は充分室内に入り、夏の高い日ざしは完全に防ぐことが出來ませう。

寢室以外は椅子式で居間はゆつたりとり、一家集ひの中心となり、床には絨緞等敷かずとも一部疊敷にすれば良く、椅子、寢椅子等にもスプリングなしの日本風の蒲團を利用しませう。こゝで必要の場合二人位は、充分寢ることも出來ますし、又氣候の良いときは庭を利用すれば晩春の夕方屋外での食事は生活の彩りともなると思ひます。この位の家族ならば冬の夜は狹い食事室で過すことにすれば燃料も少くて暖く居られませう。

寢室もベッドにすれば一層努力も少くなりますが、三人以上寢るには一寸狹い感じとなり、又夏の暑さと蚊帳のことを考へれば和室の方が好ましく、便所、浴室、玄關、臺所等は圖の通りで動作に對して充分餘裕のある廣さがとつてあります。

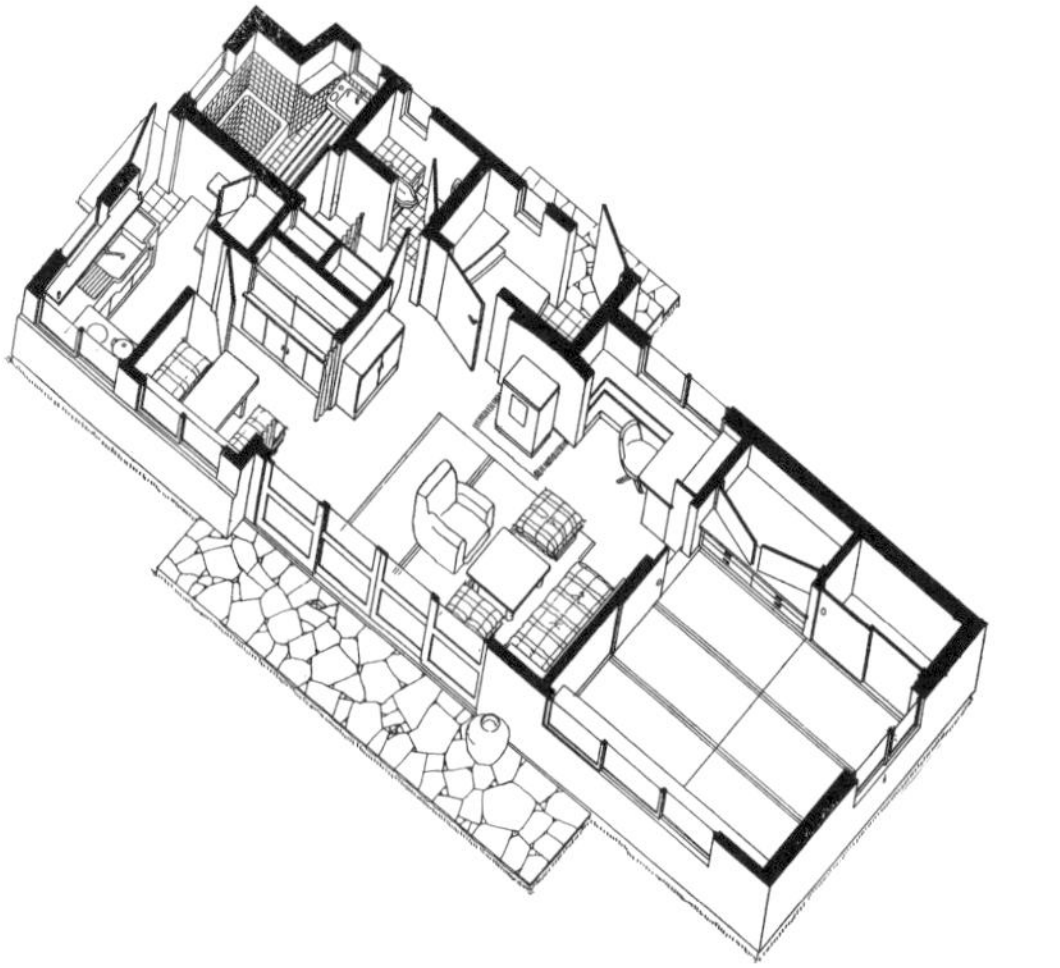

新しい生活の家・試案（塩川旭）　昭和21年8月号（創刊号）

海を渡るトランクから

石井好子さん衣裳拝見

終戦直後、いちはやく毎週日曜日の夜を楽しませたニューパシフイックバンドに所屬して、アメリカの歌をうたつた人と云えば石井好子さんを思わず口にする方もあるでしよう。

石井さんは、元石井商工大臣の令嬢でもありお姉様の御主人であるフランス文学者として著名な朝吹氏と、作曲家である朝吹英一氏と云うすぐれた二人の義兄様を持つておられます。

フランスへ勉強に行かれる日も近い石井好子さんをお訪ねして、トランクの中から出された、フランスに持つて行かれる爲にお作りになつたと云う數々の洋服の中からのいくつかを撮らせていたゞきました。

左の写眞は、淡いピンクのなごやかな感じのあふれたワンピースです。大きく折り返つた白い襟に、ドレスのピンクの布でアップリケのしてあるものでした。

上のは明るい華やかなピンクに黒い菊のとび模様のあるちりめんの和服からなおしたもので、薄地の黒いブラウスが、このスカートに調和して一そうそれを引立てていました。

背の高い石井さんがこれを和服でお召しになつていた時もキット素晴らしかつたでしようと思われました。

左のイヴニングドレスは、黒のサテンクレープを裏に使つてほつそりと仕立て、細かくプリーツに折りたたんだ赤のサテンクレープが胸で合さりスカートに續いた大たんな黒と赤とを組合せたデザインで、大柄な石井さんでなければ着こなせない様なものでした。

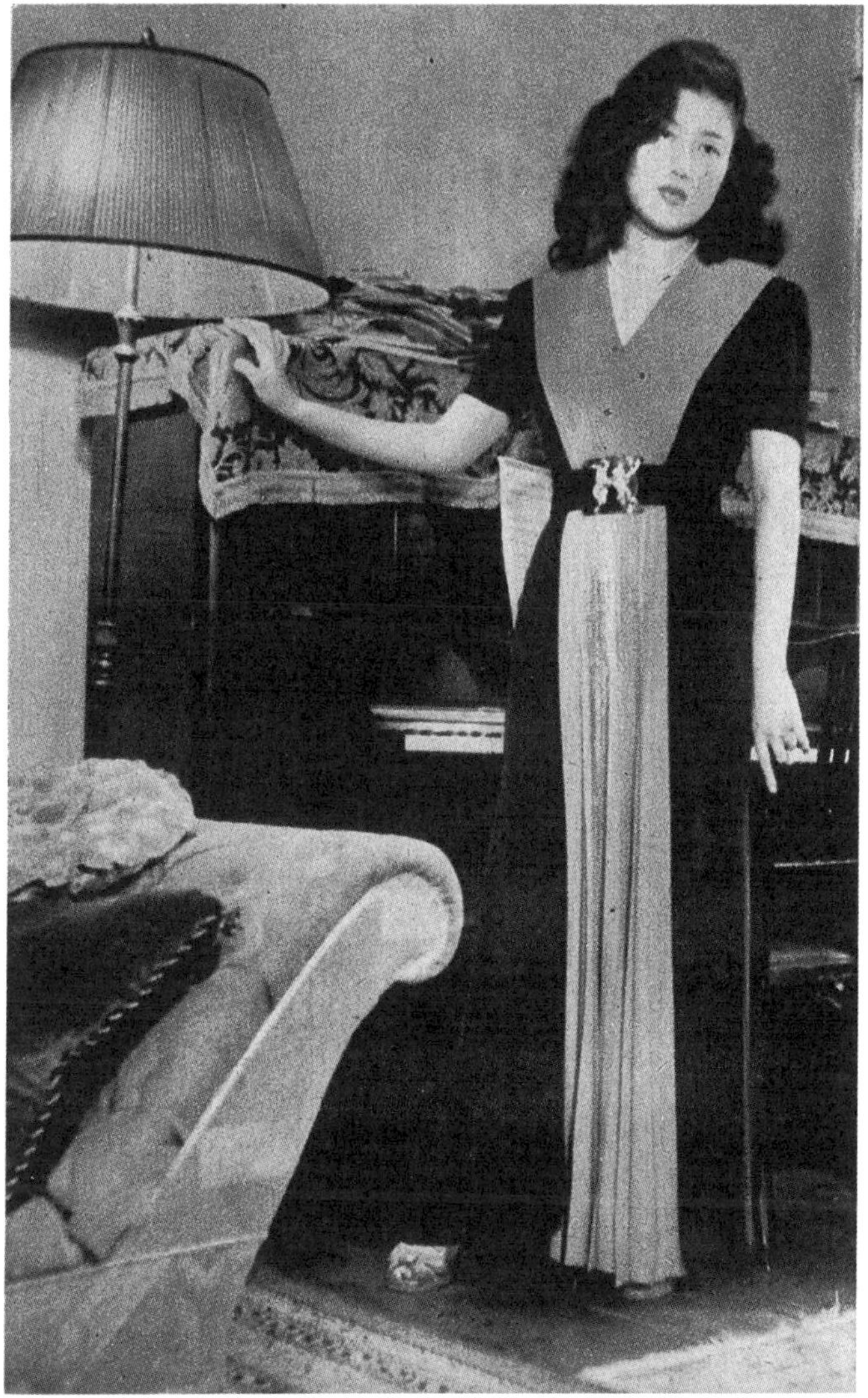

石井好子さん衣裳拝見　昭和25年8月号（第14号）

創刊号の「細川ちか子さんの衣裳調べ」に始まり、「衣裳調べ」または「衣裳拝見」と題されたページが毎号のように「それいゆ」の誌面を飾った。女優、歌手、舞踊家、あるいは著名人の夫人や令嬢を訪ね、持っている洋服・着物から五、六着を着てもらって撮影、解説したグラビアページで、「それいゆ」ならではの企画。興味本位ではなく衣裳について話を聞くことでそこににじみ出る人柄や生活をも伝えている。

夢を生かす机

中原淳一

「家がなくて困つた」「誰か部屋を貸してくれる人はないだろうか」そんな聲をよく耳にする。

住居の問題が、聲を大にして叫ばれながら一向に解決のついていない今日、私達のもつ理想の住宅への夢、いやいやすべての理想への夢がどんなに美しくくりひろげられようと、それは單なる夢にすぎないさと、云われてしまえばそれまでの話である。

然し、人は夢を持たずに理想を實現させることは不可能であろう。かくありたいと願う心、それが今までの文化を築きあげてきたとも云えるだろう。

これは、私の心の奥の、夢の斷片である。

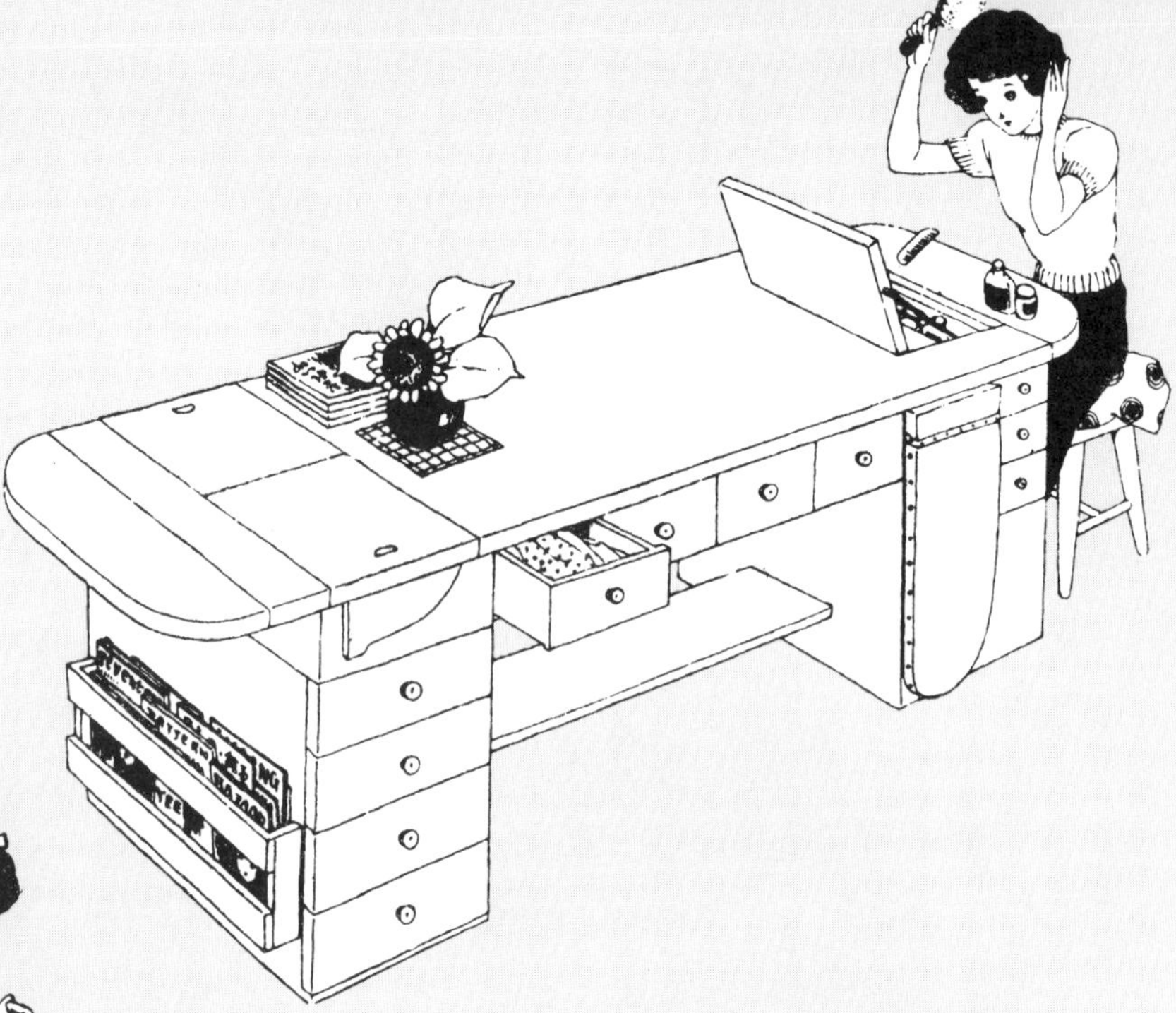

六疊か、それよりももう少し廣い部屋が、あなただけの部屋として與えられる時が來たとしよう。

そんな時、こんな机をその部屋の眞中に据えるだけで、タンスも本棚も、針箱も鏡臺も心要がない。

この机が一つあれば、澤山ある抽斗の中にあらゆるものが、整理され、整頓されて姿を消してしまうのは、考えても愉快ではないだろうか。

この机の特徴は幾つもあるが、まず目立つことは、前後左右あらゆる面をそれぞれの目的で使えることである。

繪によつて細かい機能を説明するならば、まず右端の繪のように、片端をあけると、蓋の裏に鏡のついた鏡臺が姿を現わす。その中は綺麗に整理された化粧品、櫛、ピン等々。

下の繪のように、鏡臺の反對側にある蓋を引出すと、中にはハサミ、針、糸と裁縫道具が全部きちんとしまわれている。臺の上は無論裁縫臺と變化する。下についている本立はスタイルブックに類するような大きな本を入れるため……

今度は左下の繪を見て下さい。全部きれいに片ずけてテーブルクロースをかけ、花でも飾ればこれは來客用の机。あなただけのお客様など應接間へなどと云わずに、この方がずつと親しみも増すと云うも

の。この繪では鏡臺や抽斗は開いてあるが、これは中を見せる繪の便宜上と云うことは分ろでしよう。倘ほ糸箱と向い合つた蓋を引出すと、繪にあるように、インク、切手、便箋、封筒等のレターセットになつている。こうしたものが、いつも一個所に整頓されていないことが、案外に筆不精の原因にならないものでもない。その下側は本棚。あなたの藏書をしまつておく。

一週間に何曜日かをきめてアイロン日をつくろう。そしてアイロンをかけたいものは、なるべくまとめてその日にかけると電力も節約できる。そんな時は、左上の繪のように、アイロン臺を引出して大いに活躍させよう。これは洋裁の時にも無論使うが。その下の抽斗は和服を入れる。箪笥幾棹と云つた昔はいざ知らず、今の若い人のもつ和服は幾枚でもないから、この抽斗二つあれば箪笥は要るまい。使い終つたアイロンは脇の小抽斗にしまおう。

全体に大きな机だから持運ぶ場合を考えて兩脇が折疊みになつていて、抽斗の上一段までが、すつぽり外れるようになつている。下の足かけも取外しになつているから、兩袖は二つの箱のようなものになつてしまう。これで持運びにも便利な譯である。

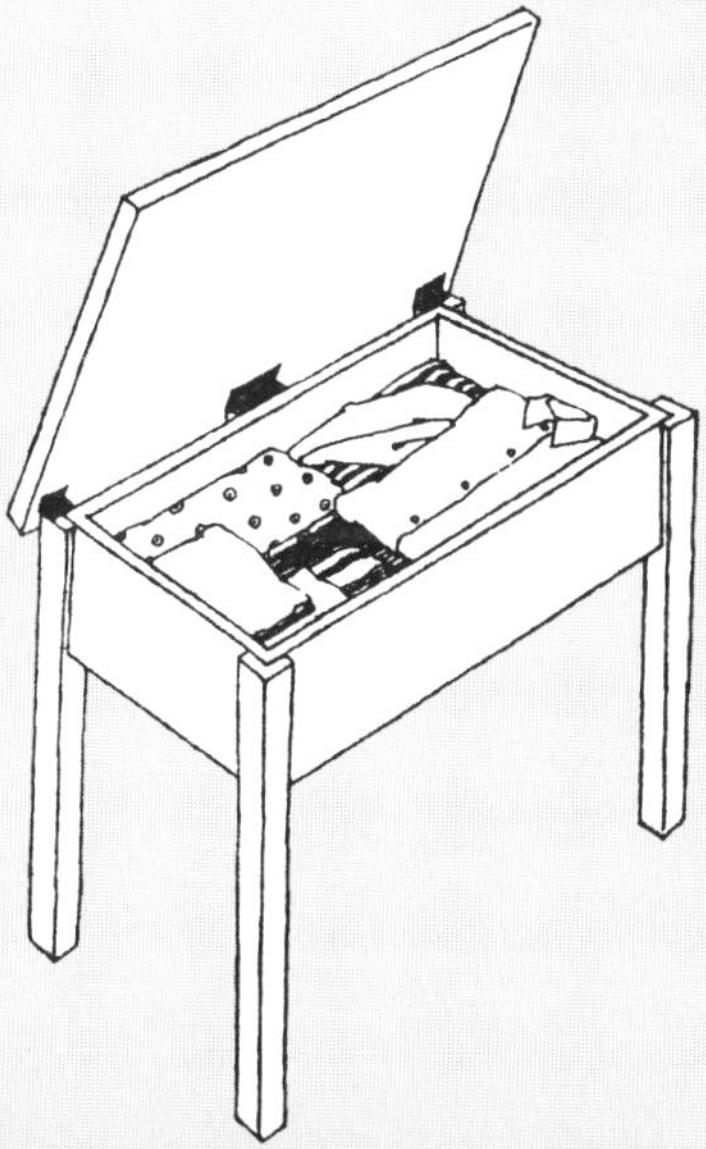

腰掛は蓋が開いて、アイロンのかかつた肌着やシャツの類をしまえる。もちろん、その他の何をしまおうとあなたの自由を尊重しますが。

■第二章 新しいファッションブックとして

「それいゆ」は「装うとは、身も心も装うこと」（第三号編集後記）という考えのもとに、ファッションや髪型等、外見を美しく装うことに関する記事を沢山載せる一方で、絵画、演劇、映画、詩、音楽、小説、随筆等、内面を磨くための質の高い記事もふんだんに載せています。

終戦と共に突然入ってきた欧米の流行に惑わされることなく、日本人の良さを忘れずに、自分なりの美しさを発見してほしい。西洋のものをそのまま真似ても美しくなれるものではなく、それを自分の中で消化して自分のものにしていく能力を養うことが大切なのだ。中原淳一は「それいゆ」でくり返しそのことを訴えています。美しいものを見、一流のものに触れることによって自分自身を磨いてほしい。そして美しく装う術を身につけて、お金をかけて高価なものを身につけなくとも美しくなれることを知ってほしい。

そんな願いを込めて作られた沢山の特集記事の中で、軸となって長く続いた中原淳一による二つの連載があります。「愉しく新しく」と「それいゆぱたーん」。

「愉しく新しく」は、文字どおり生活を「愉しく新しく」するための工夫を提案するページで、何もかもが不足して不自由な時代に、お金をかけずに生活の不都合を合理化し、しかも愉しくしようという主旨のもの。中原淳一の先見性と目配りの細やかさを感じさせる優れたエッセイです。

生活全体の工夫が豊かになることは、同じ条件におかれてゐて数倍の美しさと楽しさを発揮できる。それを充分に発揮した人が、この時代のみじめさを身につけないでゐられる人である。

一人々々がさういふ技術を備へて、美しく豊かに暮らせるのは個人の幸福ばかりでなく、日本全体が美しくなる。

いま街で見かける婦人の姿は、古いものを古いままで着てゐるくたびれきつた姿と、みるからみすぼらしい下手な更正服姿との中に、ヤミで着飾つた前者と不調和な姿を見る現状である。

いまの婦人達は、すり切れてゆく畳とか汚れた壁をどうしたらいいか、といふやうなことに頭を使はず、買へなくつてみじめだと嘆いてゐるばかりではないのだらうか。

こんな時代を乗りきつて美しく愉しくといふのは、結局知性を高め、工夫する精神と美しさをキャッチする眼を肥やすことであらう。

若さの歓びといふやうなものが、ダンスホールのチケットになつて流れてゆくのでは悲しい。

愉しく新しく――生活の工夫　昭和23年7月号（第7号）

愉しく新しく・20

机のあるよろこび

中原淳一

より高いものへのこゝろ

学生々活を終えると、机に向う事を殆んど忘れてしまつた様になる女性は沢山いる。それは女性ばかりではなくて、男性にも同じ事が云えるのかも知れない。学生々活を終えた後の机というものは、手紙を書く場所位になつてしまつて、その他は特殊な職業ででもなければ机はあまり必要としないかもしれない。しかし夫妻兼用のものでも又勿論夫の坐る場所としても、一つの住いの中に一つの机は欲しいもの。そして机というものは、より高いものへの心を養う場所といえるのではないだろうか

団欒を机のまわりにも

夕食が終つてそのまゝ茶の間で話し込んでしまう一刻も愉しいものには違いないが、その団欒を机のまわりにも持つて行つて、夫の座は机の前にきめて、夜なべ仕事の繕いものや編物等を妻はその傍でする。又それが出来るような仕度がいつもその机のまわりにととのえられていること、つまりいわゆる書斎というような固苦しい空気はなくして、暖い家庭的な雰囲気を持たせるのはどうだろう。書斎はおろか机一つ持たない夫が茶の間でごろごろして一晩を過すよりずつと好ましいではないか。

昭和29年5月号（第30号）

愉しく新しく

愛される生活

中原淳一

芝居や映画を見たり、銀座をぶら〳〵して買物をしたり、ダンスをしたり、新しいドレスを着た時でなければ愉しさが感じられないと云うひとがあったら、それは不幸なひとです。

なぜなら、人間は毎日そんな事ばかりしている訳にはゆかないのですから。そんな特別な遊びの様な事をしなければ愉しくなれないとしたら、愉しくない時間をずいぶんたくさんもたなければならない事になってしまいます。

誰もがそれぞれもっている仕事、その仕事の中に、又、毎日の生活のその中で最も自然に愉しさを見出す事が出来たら、どんなに幸せな事だろう。

毎朝部屋の掃除のたびに、どうしたらもっとこの部屋が愉しく、美しくなるだろうか。と考えては、少しずつでも工夫をしてみたり、時々はすっかり模様変えをしてみる。

又、部屋のカーテンを最初に淡い色を選んでおいて、色があせるとそれより少し濃い色に染め直し、又その色があせたら、めんどうがらずにもっと濃い色を選んで染めてみる。そしてそのカーテンの色が新しくなる度に部屋の雰囲気が新たになるその愉しさを知ってごらんなさい。

着古したドレスももう着られないものとあきらめてしまわないで、手まめにといてはそれで何が出来るかよく考えてみる。

街に出た時に古本屋ででも見つけた本を、毎日、仕事と仕事の合間にほんの一行でも読む様にして、一冊ずつ読み上げてゆく愉しさ。

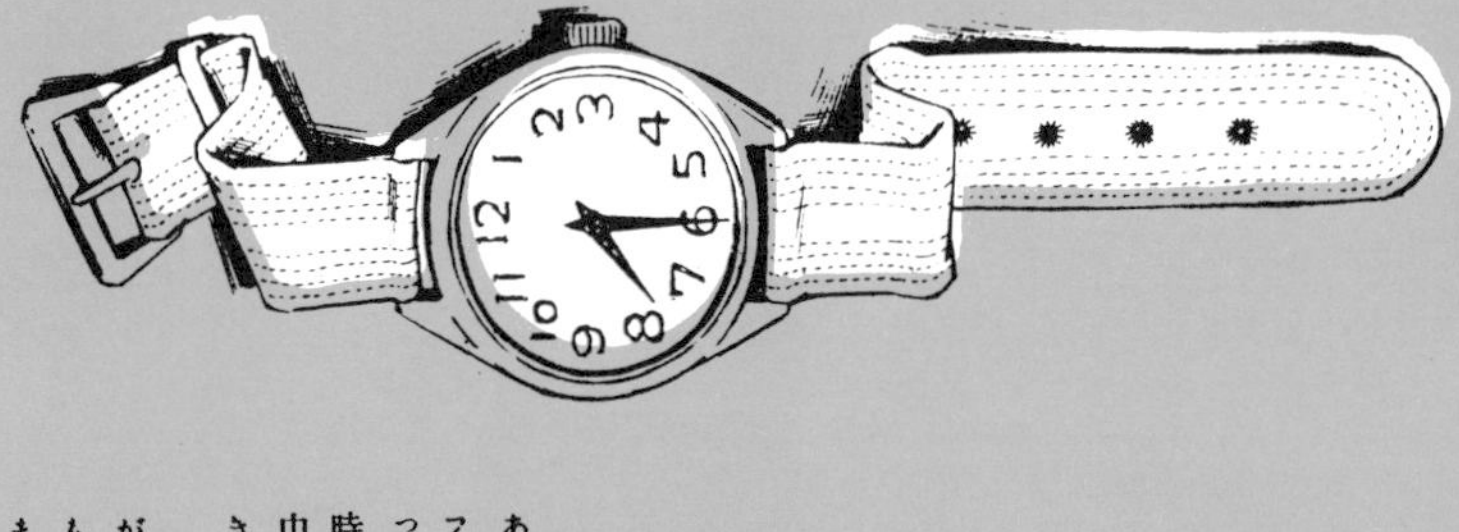

腕時計

あなたにもしフィアンセがあったら、彼の腕時計のベルトの巾をしらべておきましょう。

時計のベルトが革や鎖の様なものときめてしまわないで、夏なら厚地の木綿のもの、たとえば白いピケなどで作っても清潔ですが〳〵しいし、冬ならばウールに芯を入れて、ミシンでステッチすると、お店では買えないたのしいものが出来上る。

彼があなたのところへ訪ねて来た時に、もし彼の時計のベルトが垢じみていたら、彼の腕から取りはずして、あなたの手製のベルトと取りかえて下さい。

勿論、手ぎわよく上手に仕上げたものでなければこまりますが——彼とおしゃべりをしている間に、あなたは針をはこばせているのです。

そんなあなたを見ている彼は、ほんとうにあたゝかい幸福で胸がいっぱいになるでしょう。

そうして今度逢う時迄にもう一つ作っておいて、又おしゃべりの間にその新しいのと取りかえてしまうのです。

夏の木綿のものならば、取りはずしたものは洗濯をしてきれいにアイロンをかけて、又逢う時のために用意しておきましょう。

頸と腕だけの毛糸編み

衿あきのゆるいワンピースや、ジャケットやスーツの衿元から毛糸のスウェターの衿がのぞいているのは、まるでその衿元がそのドレスのポイントであるかの様にチャーミングなものです。

それから、半袖の服の下からスウェターの袖が出ているのや、グレイのジャケットの衿元と袖口から赤い毛糸がのぞいているのなどはなかなか美しいものです。

半ぱな残り毛糸があったら、三十センチ位の長さの袖と、肩から、頸にかけての、つまり衿だけのものを編んでおいて——これはいくつも編んでおいて、その日によってどれにしようかと迷ってみるのも愉しいのではないでしょうか。

一着のスーツやジャケットでも、七つのそんな衿と袖とを持っていて、一週間を毎日取りかえたとしたら、その日その日を新鮮な心で迎える事が出来てどんなに愉しい事だろう

愉しく、新しく
ゆかたどれす
ふだん着の味と部屋着のくつろいだ良さと、それにディナードレスの華やかさと甘さ、これが私のかんがえる「ゆかたどれす」なのである。
中原淳一

昭和24年6月号（第10号）

くらしの夢を教えてくれた

吉沢　久子

私にとっての「それいゆ」は、生活文化というものへの開眼のきっかけを与えてくれたものだった。

夫の古谷綱武氏と　昭和33年10月号（第53号）特集「結婚の条件」より

あの十五年戦争が終ったとき、敗戦の不安の一方で、空襲の心配なく眠れるありがたさにほっとして、明るい光を見た気持になったことを、私世代の人なら誰しもが思い出すであろう。

自分のしあわせを考える前に、何よりも国のためを思って生きなければいけないと、たたきこまれて青春時代を生きていた私たちだったから、当然自分の生活を愛することなど二の次になった。

愛する兄や弟、恋人や夫、父などを戦場に連れていかれることにすら、悲しんだりしてはならず、たてまえとしては名誉と受けとめなければならない中で「必ず帰ってきて」などといえば非国民とののしられた。そういう時代を生きていたものにとっては、敗戦にさえも、ほっとする明るさを見たのだった。

戦争は終っても、焼野原にはせいぜい雨をしのぐ掘立小屋が建つくらいで、家を焼かれたり、疎開して戦火をのがれていた人たちには住いの安定ものぞめない状態のままだった。

そんな世相の中に、中原淳一が送り出した「それいゆ」は「そうだ、私たちも自分のくらしを大事にして、もっとたのしんでいいのだ」という気持を私たちに呼び起こさせた。

表紙には美しい女性が描かれていた。日本人ではなく、といって西洋人でもない。理想的なスタイルではあるが女性を感じさせない。こんな女性がいたとすれば、どんな実生活をしているのだろう、と私は考えた。自分のくらしをいつくしむ心を忘れていた私は、「それいゆ」に描かれていた女性の服装や、その生活のにおいのように感じられる背景の考慮などから、中原淳一の夢を感じた。

「それいゆ」は中原淳一による、美しいくらし方への提案であったと思う。一番追求したものは、女性を美しく見せるファッションであったと思うが、住むこと、たべること、美しいことば、などなど生活全般に美をもとめていくことを、多くの執筆者によって「それいゆ」に語らせたのだと私には思われた。

「それいゆ」「ジュニアそれいゆ」「ひまわり」と、あの美しく描かれた少女や若い女性の顔や姿は、多くの少女や若い女性読者たちにあこがれと夢を与えた。

久しぶりに「それいゆ」の表紙を眺め、私もまた年を重ねたことなどとかかわりなく、思い出の中にとっぷりと浸って、たのしい時間をすごした。

（評論家）

昭和21年8月号（創刊号）

洋服といえばスタイルブックから好きなデザインを選んで作るしかなかった当時、折り込みの形で載っていた、色刷りの美しいスタイルブックが「それいゆぱたーん」。

ここには、中原淳一のファッションデザイナーとしての才能と今に通用するセンスの集約を見ることができます。淳一は「それいゆ」でおとなのための服を、続く「ひまわり」や「ジュニアそれいゆ」で若い人のためのデザインを発表しながら、並行して数多くのスタイルブックを発行し、ファッションショーを開催するなどして日本のファッションデザイナーの先駆的な存在となっていったのです。

創刊号を飾った第一回「ソレイユパターン」は、田中千代のデザインを淳一が絵にしたものです。少年の頃から店頭に並ぶ田中千代デザインの洋服をよく眺めに行ったという淳一は、初めて出す自分の雑誌に彼女のデザインを載せたいと考えたのでしょう。折悪しく目を煩って入院中だった田中千代のもとに淳一が訪れ、彼女が語りながら淳一の手のひらに指で描いて伝えたデザインを淳一が絵にしたという、美しいエピソードが残されています。

昭和28年6月号（第26号）

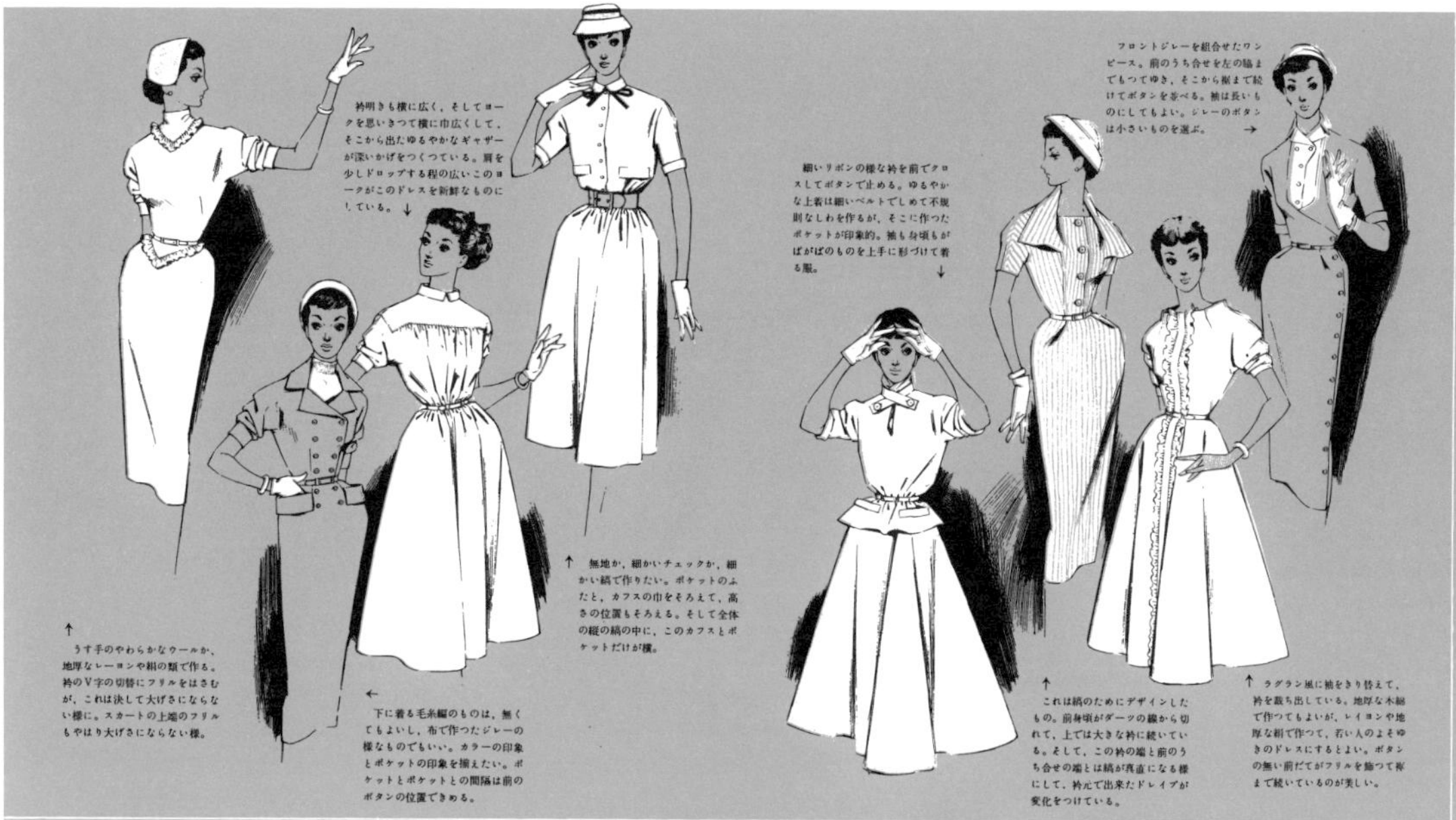

左上・昭和28年8月号（第27号）／右上・昭和34年2月号（第55号）／左下・昭和33年4月号（第50号）／右下・昭和32年2月号（第43号）

それいゆ ぱたーん

ある十八才の少女が私に手紙を呉れました。

「私も早くおとなになって、あのマグネットラインを着てみたいのです」と書いてありました。

勿論それは無理な事で今マグネットラインが話題になっているとしても、はや来年の今頃にはまるで昔話の様にほとんど人の口の端にものぼらないものになってしまうにちがいないからです。

流行、とはその字のように流れて行っているものですから、ひとときも止ってはいないのです。

だから現在流行しているものでも、来年はもう新鮮さを失なっているであろうし、三年先には流行おくれの古くさい感じで一これのどこがよかったのか、と見なおすようなものであり、十年先には滑稽にさえ感じられるのだから全くおかしなものです。

それに、今までもAラインとかYラインとかアローライン、マグネットラインなど次々に色々な名で新聞雑誌は話題をまいていたが、あれは外国のデザイナーがこんなものを発表した、と云うニュースであって、それがこれからかならず流行するのでもなければ、流行しているのでもないのです。

流行は、読んだり教えられたりするだけで知るものではなくて、自分で感じて着るものです。

だから、あなたがいつも時代の感覚におくれない人であったら、何を着ようと好きかってな事をしていても、それが自然に新しい美しさにあふれるものになっているはずです。中原淳一

トゥピースの上下をきちんと揃えたのと、そのスカートにスウェターやブラウスと組んで着る場合があるのは勿論であるが、二着のトゥピースの上下を、あれこれ取かえて着る事を最初から計画の中に入れて新調している人は案外に少ない様だ。
勿論、それを実行している人も多いのだが、最初に作る時からそれを考えの中に入れて、その效果を考えて新調している人が少ないのである。
同じ上下を取かえて着たとしても、最初からその効果を考えていない場合は、なにかしっくりしなくて、上下を揃えて着ている時より、何か少々みゞっちい気持になっている。それでは ほんとうではない事になる。
別々なものを組合せた時にも、揃えて着ている時より、もっとステキだという自信のもてる着方をするものでなくては——。

Cotton Blouse

中原淳一

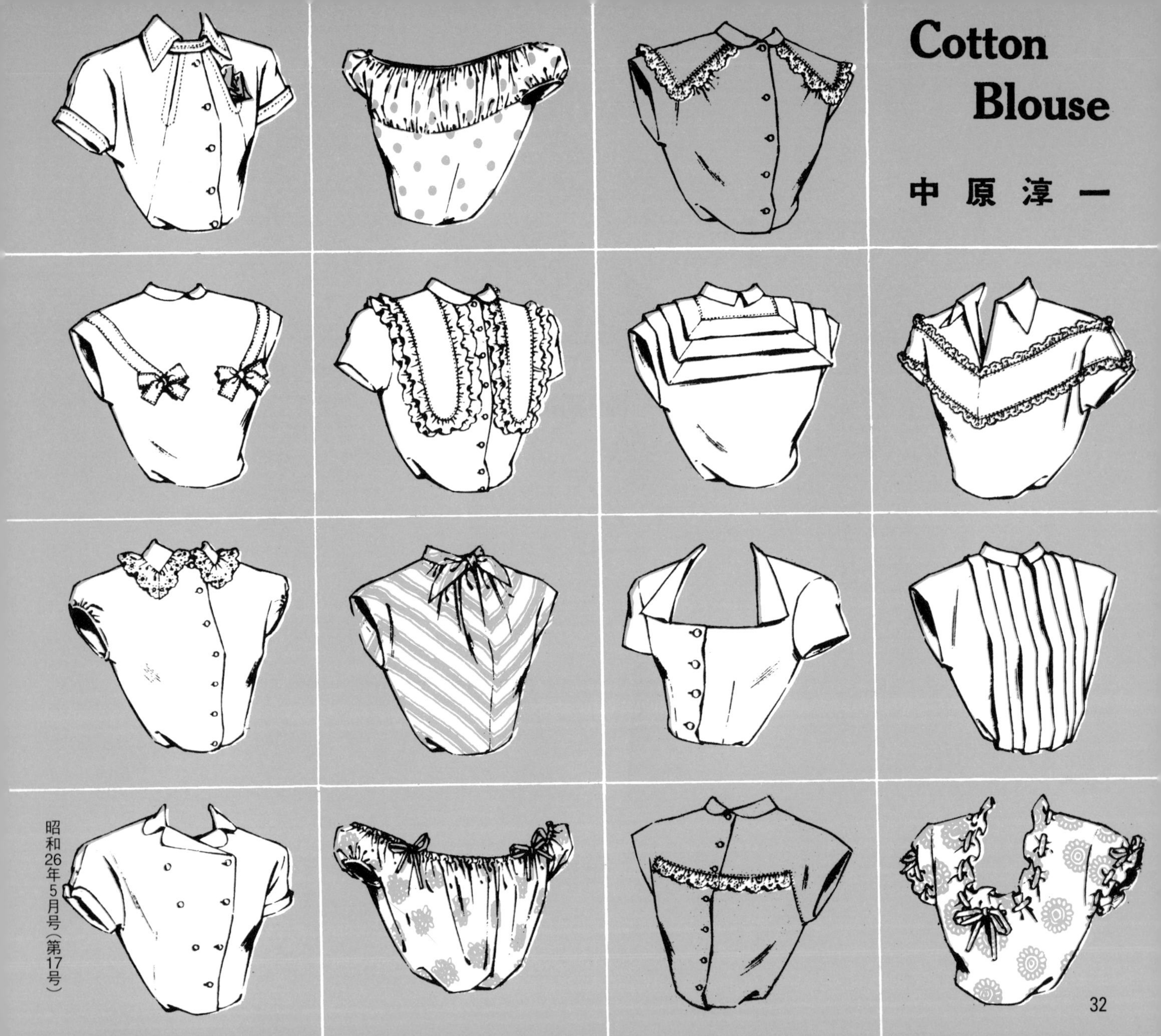

昭和26年5月号（第17号）

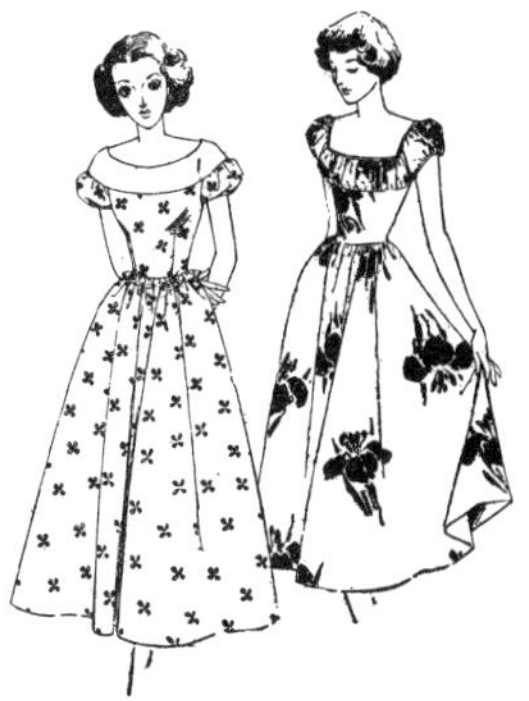

偉大な天才

芦田　淳

現在、当時の「それいゆ」を若い女性に見せると、皆、その新鮮さ、爽やかさに感嘆する。唯一人の弟子だったと言っても過言ではない私としては、それが誇らしく、熱っぽく先生の偉大さを語るということになる。

「それいゆ」時代の先生のデザインは、今そのまま製作しても決して古くないということに改めて驚く次第だ。むしろ、現代の一部薄汚れたファッションが氾濫している時に、このデザインと絵の端麗さをもう一度復活させたいなと思うほどである。

時代がどの様に変わり、それと共に「美」の基準が様々な表情になるとしても、永遠に変わらない「美」が存在すると思う。最近では古いフランス映画やハリウッドの映画をケーブルTVでふんだんに見られるようになったが、その感をさらに深くする。グレタ・ガルボもマレーネ・ディートリッヒも実にファッショナブルなのだ。良いものには時代を越えた価値があって、それは厳然として何ものにもゆるがない「新しさ」を持っている。時代に迎合したまがいものや安物は、時間が経てば、メッキがはげて見るも無残、吹き出すような滑稽な結果になることをまざまざと見せつけられる。

中原先生のデザインや絵、人形は、永遠に新しく、又、美しく輝いていると私は信じている。

今でも、中原先生が生きていたらなと思うことしきりで、家内とも先生の思い出を語り合うことが多い。あえて言わせていただくと先生の不幸は、周りに優秀なスタッフが居なかったことではないだろうかという事。つまり現代のファッションは総合芸術、例えば映画みたいなもので、多くの人達の協力がないと成り立たない。一人の天才が居ても、それをコントロール出来、時には苦言も呈するくらいのマネージャー、アシスタントや強力な技術陣に取り囲まれていないと成り立たないのである。

お葬式の時に、今は亡き葦原邦子さんが「パパは甘いことを言う人の言葉をすぐ信じて、私達が注意しても聞いてくれなかったのよ」と嘆かれたのは真実だと思う。あれだけの才能を持った人は不世出だと思うし、一大コンツェルンを築き上げていて当然だった。しかし、絵の上では睫、髪の毛一本も私達に任すことが出来ず、どうしても自分の手で仕上げなければ気が済まない「完璧主義」。夜も寝ないで働き、遂に若くして病床につかれたことが私達には悔しい限りだが、だからこそ、又、今にしてもあの『中原淳一の世界』が堂々とそびえ立っている所以かもしれない。

（デザイナー）

薬やインク、ジュースなどの空き瓶にはぎれを貼って小物入れや花瓶にしたり、ボール箱のふたを使って額縁を創る、お菓子の木箱や缶のふたに雑誌の切り抜きやきれいな包装紙を貼って整理箱に。どこの家庭にもあって見過ごされがちな小物を利用して身の回りを美しく彩る工夫がくり返し紹介されている。

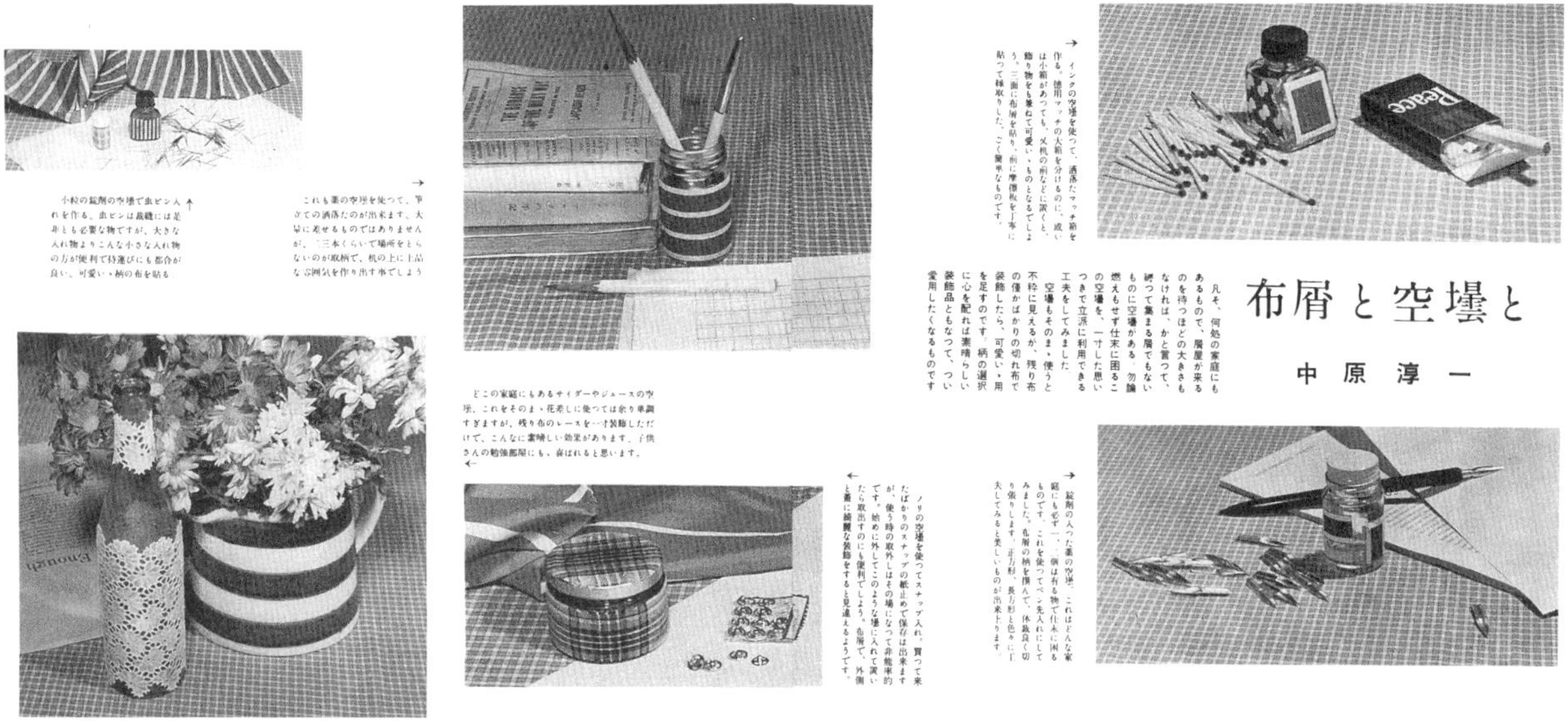

布屑と空壜と

中原淳一

凡そ、何処の家庭にもあるもので、屑屋が来るのを待つほどの大きさもなければ、かと言つて、纏つて集まる屑でもないものに空壜がある。勿論燃えもせず仕末に困るこの空壜を、一寸した思いつきで立派に利用できる工夫をしてみました。

空壜もそのまゝ使うと不粋に見えるが、残り布の僅かばかりの切れ布で装飾したら、可愛い・用を足すのです。柄の選択に心を配れば素晴らしい装飾品ともなつて、つい愛用したくなるものです

→ インクの空壜を使つて、洒落たマッチ箱を作る。徳用マッチの大箱を分けるのに、或いは小箱があつても、父親の机などに置くと、飾り物をも兼ねて可愛いゝものとなるでしょう。三面に布屑を貼り、前に摩擦板を丁寧に貼つて縁取りした、ごく簡単なものです。

↑ 小粒の錠剤の空壜で虫ピン入れを作る。虫ピンは裁縫には是非とも必要な物ですが、大きな入れ物よりこんな小さな入れ物の方が便利で持運びにも都合が良い。可愛いゝ柄の布を貼る。

→ これも薬の空壜を使つて、筆立ての洒落たのが出来ます。大量に差せるものではありませんが、二三本くらいで場所をとらないのが取柄で、机の上に上品な雰囲気を作り出す事でしよう

どこの家庭にもあるサイダーやジュースの空壜。これをそのまゝ花差しに使つては余り単調すぎますが、残り布のレースを一寸装飾しただけで、こんなに素晴しい効果があります。子供さんの勉強部屋にも、喜ばれると思います。 ←

← ノリの空壜を使つてスナップ入れ。買つて来たばかりのスナップの紙止めで保存は出来ますが、使う時の取外しはその場になつて非能率的です。始めに外してこのような壜に入れて置いたら取出すのにも便利でしよう。布屑で、外側と蓋に綺麗な装飾をすると見違えるようです。

→ 錠剤の入つた薬の空壜。これはどんな家庭にも必ず一、二個は有る物で仕末に困るものです。これを使つてペン先入れにしてみました。布屑の柄を撰んで、体裁良く切り張りします。正方形、長方形と色々に工夫してみると美しいものが出来上ります。

昭和29年11月号（第32号）

写真と空箱

中原淳一

空箱はどこにでもあるもので、その中には捨てるには心残りであつても、さて何に使うあてもなく棚の上につみ重ねてあるもの。又写真と言うものは楽しかつた日の記録にも壁にはつておきたいと考えても、額縁などに入れたのではその額縁が何となく重々しく感じて、肝じんの写真がしよんぼりみえてそぐいの悪いもの。その二つを組合せてみると、思いがけない調和をみせてこんな楽しい部屋のアクセサリーになつた

← 帯止めの入つていた桐の浅い箱の蓋。そのまわりを赤いラッカーで中側を白いラッカーで塗り、その中側の真中に写真を貼つてみる この場合は額縁を壁にかける様に後に糸をかけて、鋲で壁にとめる

→ ボール紙の菓子箱の少し厚めの蓋の真中を写真に合わせて適当に切り、まわりに布を貼つてみた。そしてその中にバレエの舞台面を撮つた写真を貼つたら、少し厚めの蓋のために、ちょうど本当に舞台を見る様な奥行きが感じられて面白い

↑ メタル等の入つている桐の小箱をよく見るが、綺麗で可愛らしくて何かに使いたいと思わせる。これは、蓋の大きさだけにきつちり合わせて切つた写真を貼り、桐の木目を出さないように蓋もみも、まわりを全体白いラッカーで塗つたもの。ペン先、鍵、切手などの小物入れにふさわしいしやれた小箱

ボール箱の白い艶紙を貼つてある浅い蓋の中央を、写真より少し小さめに安全カミソリで切り、壁に先ず写真を鋲でとめ、箱をあてゝみて位置がきまつたら、その上の二隅の位置の壁に鋲をとめて、そつと箱をひつかけただけのもの、箱の蓋の厚さだけ、写真が引つこんでいるので陰影が出て美しい。 →

← 小さな紙箱の蓋の、厚みだけをぐるつとまわつて、ラシャ紙でも布でもピッチリと貼る。そして蓋の表と同じ大きさに合わせて写真を切つて貼りつける。壁の適当な位置に鋲をとめて、そこにこの蓋をかけてみると、壁面より厚味だけ出ているものが、ちょうど厚い板がぐんと出た様に面白い味を出す

昭和29年5月号（第30号）

高い花でなくても、道端の一本の花でも、飾ると部屋が明るくなる——淳一はいろいろな形で花のある生活を提案している。枯れた葉をとって花だけを短く切って小さな器にさして最後まで花を楽しむ、仏壇用の安い花でも何束か買って種類別にわけて飾ると美しいなど。また、色の美しい果物も、花と同じように飾ることを提案。どれもそれまでにない新鮮なアイデアだった。

昭和25年3月号(第12号)

1 花器はどこの家庭にもあるものを利用しました。写眞の右端から、上半分がネズミ色、下半分が緑色の番茶々碗

2 コーヒーセットのミルク入れ

3 すこし深目の黄色い小皿

4 コーヒーセットの砂糖壺

5 ごく小形の朱色のコーヒー茶碗

6 純白のコーヒー茶碗

7 白地に花模様のコーヒー茶碗

枯れかかつた花を活ける

中原淳一

花が枯れてゆくとき、花も葉も同時に枯れてゆくものではないことを、注意深いあなたはきつと知つているでしよう。

葉がすつかり枯れおちてしまつても、花はまだ残りの生命を燃やして美しいものです。

そこで、もう枯れてしまつたと思つた花でも、枯葉を残らずむしり取つてしまい、その茎や枝を短く切つてしまうと、蘇つたかのように美しい花の姿を、充分に味わうことが出来るのです。

そうした上で、その花を、小さな湯呑やコップや小皿に活けると、まだ三日や四日は、いやいやどうかすると、二十日から一ヶ月くらいも保つことさえあります。

あゝ枯れてしまつたと云つて、その花をすぐ捨てゝしまわず、まだ使える花があつたら選りわけて、その花の散つてしまう最後まで、充分に美しさを生かして、生活の楽しさにとり入れようではありませんか。

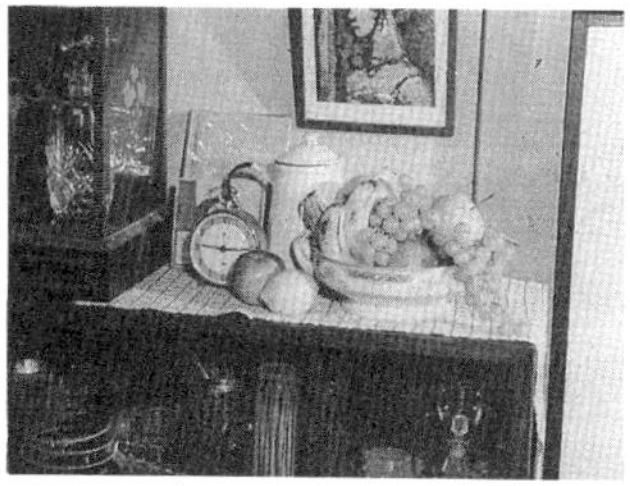

果物を飾る

中原淳一

部屋の中の一本の花が、どれ程部屋全体を明るくさわやかにするかを経験した人は少なくないことと思います。

その美しい花と別の美しさを持つている果物、——つやつやとした林檎の赤、レモンの清潔な浅い黄色、素朴なミカンの緑やオレンヂ色、その他葡萄、梨、柿、バナナなど——それぞれに美しい色をもつている。

しかし、今迄果物を花のように飾るような習慣はなくて、果物と云えば台所の戸棚に入れてしまつていたことは、実にもつたいないことで、これは是非共部屋に置いて、花を飾るように扱つてみたい。

簞笥や机に飾つて愉しみながら、又それを食べる。

そして、少なくなつても、又それはそれで飾り方があるものだ。

花よりダンゴと云う言葉があるけれど、果物は、花であり、ダンゴであろう。

← 整理ダンスの上に格子縞のハンカチを敷いて、白のスープ皿の中に果物を盛る。後にはレッテルの美しい空瓶、本、黒い壷、眼鏡、腕時計、コップに挿した一輪の花など、一ツ一ツは何と云うこともない、どこの家にでもありそうなものでも、こうして果物を中心に一ツのまとまりを作るとこの整理簞笥の上が急にパッと華やかになる。

昭和28年11月号(第28号)

マリウス

ある秋の夜、店の仕事でパニスが巴里へ出掛けたあと、子供の鍋の帽子を編みながら、彼女は、マリウスの一番好きだつた歌を唄つてみる。静かな夜更けの道から、それに合わせて低く歌う声が聞えて来た。その歌声を聞いた時、ファニーは思わず椅子から立ち上つた。

ファニーを訪ねて来たのは、彼女が夢にも忘れなかつたマリウスであつた。マルセイユへの望郷の想いやみがたいマリウスは、船がこの港に修理のために碇泊したのを幸い上陸して、まつすぐにファニーの処へ忍んで来たのであつた。ファニーの心は妖しく掻き乱された。遠い國々を週航して帰つたマリウスは懐しさに堪えられない眼差して、その後の様子を矢継早に尋ねる。ファニーは動揺する心を鎮めながら、パニスとの生活が幸福なこと、子供もりつぱに育つていることなどを話した。彼は航海の間、絶えずファニーの幻を追い、悩ましい胸の想いの募つたことなどを物語つた。

マリウスはファニーの将来を祝福して帰りかけたが、その時ふと壁の方に目を走らせて呆然となつた。壁に懸つている子供の写眞の何とマリウスに似ている事か。彼はそれが紛れもなく自分の子供であることを知つた。問い詰められたファニーは子供の幸福を願つてパニスに嫁いだ過去のことを総て打ち明ける。マリウスは、彼女が昔通り自分を慕つていたことをはつきり感じて、熱情に駆られて彼女を抱擁しようとする。しかし、ファニーはそれを懸命に拒んだ。

突然ドアーが開いてセザールが入つて来た。マリ
てやつて来たのだ。彼はマリウスを宥めて家に連れ
し、狂気のようになつた青年はそれに従わない。そ
筈のパニスが戻つて来た。汽車に乗りかけた、この
に百日咳の流行を教えられ、子供が心配で我慢なら
たのである。そう言いながら目を逸らしてマリウス
譯にはゆかなかつた。マリウスはファニーを返して
た。パニスはひどく思い悩みながら、頑強に拒否す
鍵は遂にファニーの手に落ちていた。長い間、こう
であろう事を予感し恐れていたファニーは、とうと

ファニーは今や強い母性であつた。かつて子供の
の底にあつた自分を優しく抱擁してくれたパニスへ
た。若いマリウスには、光りに溢れた明るい未来が
しかし五十になつたパニスから現在の幸福が失われ
いられない程苦しむだろう。パニスの妻子への献身的な愛を目前に見たマリウスは潔く諦めて、海に帰つてゆく決心をする。ファニーは涙にくれながら、去りゆくマリウスの後姿を見送るのだつた。

二年後、マダムパニスになつたファニーは子供の赤い頬をみつめて、その父親マリウスに想いをはせる。

月の美しい晩、マリウスは、ファニーを想いつづけて帰つて来たのだつたが、やはり海へ帰らなければならなかつた。

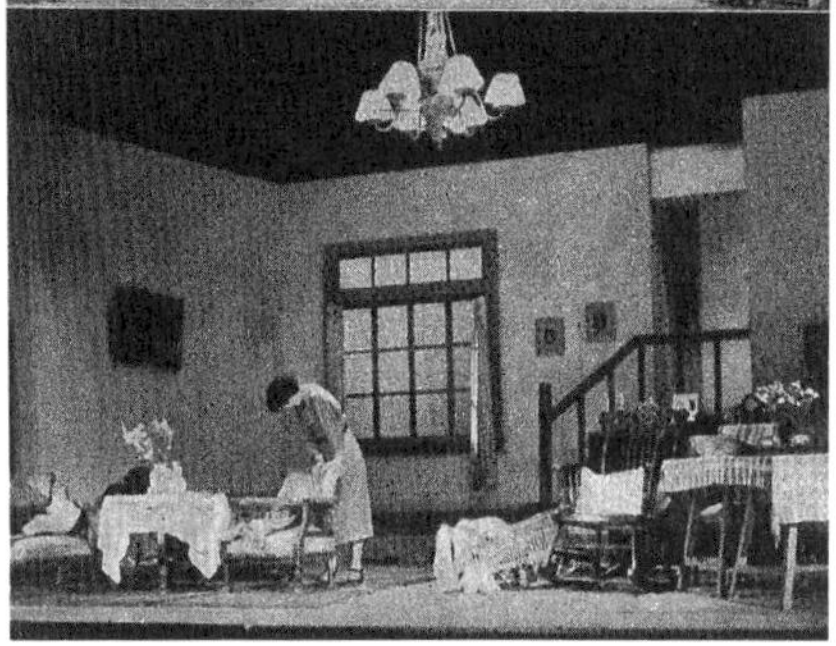
マリウスは波止場へ行つた。ファニーは「私はあなたより他に誰も好きな人は居ない」と、心の中でさけびつづける。

「ファニー」

まだ日本にミュージカルが上陸していなかった昭和25年、淳一は自主公演でマルセル・パニョル原作の「ファニー」をミュージカルにして上演した。脚本、演出、装置、衣装、宣伝美術も淳一が担当。作曲は服部正、出演は大谷冽子、高英男、三津田健、賀原夏子、葦原邦子ほか。「それいゆ」誌上でもそのストーリーと共に舞台写真が紹介された。

昭和25年8月号（第14号）

JUNICHI NAKAHARA SUPERSTAR

新町 真策

中原先生は服飾デザイナーであり、ファッション・イラストレーターであり、手芸作家（アプリケという言葉を日本中に広めた）であり、雑誌の編集者、作詩家、エッセイスト、フラワー・デザイナー、というように数え切れないほどの仕事をなさっていたスーパースターでした。子供の頃からフランスのクリス

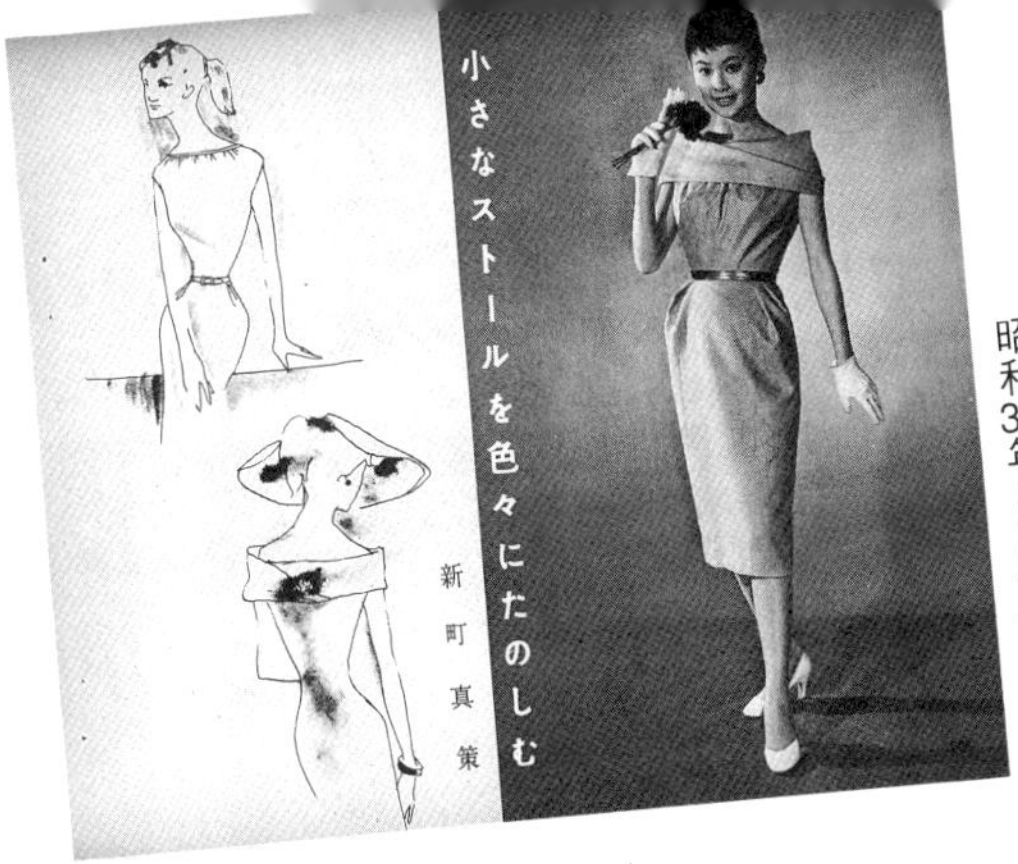

昭和31年6月号（第39号）

チャン・ベラールのような仕事がしたいと思っていた私は先生を紹介され大学生の時に相談に伺いました。先生は日本で一番最初にミュージカル・プレイ「ファニー」を構成・演出され、勿論舞台美術も全部ご自分でなさった方でしたが、日本ではまだ舞台美術だけで生計をたてる事は難しいから「それいゆ」の仕事をしながら時機を待ちなさいとおっしゃってくださいました。それで一九五五年の秋、大学三年生の時からジュニアそれいゆと併せて仕事をさせていただくようになりました。ご自分がされる舞台や映画の仕事の時には必ず現場に私を連れて行ってくださいましたし、いろんな事を勉強させていただきました。大学を卒業して三越百貨店に就職した時、下宿が見付かるまで一月ほど先生の所に居候をさせていただき、奥様の葦原さんに御飯を作ってもらって同じ部屋で寝起きをするという考えられないような事をしました。私は母が早く亡くなって父方の叔母に育てられたのですが、その叔母が中原先生と葦原さんの大ファンだったものですから、我家はもう大変なパニックになったようです。江古田の先生のお宅は大きな門を入ると鉄平石の敷きつめられたエントランスの奥に玄関があり、頑丈な扉が自薦、他薦で毎日のようにやって来る青年達を冷たく追返していました。左手に広いアトリエがありましたが、先生は二階の和室で応接台を机にして絵を描いていらっしゃいました。普通のGペンに墨汁を付けて鉛筆で見当をつけたケント紙のうえを何回も何回も細い線を重ねて一本のなめらかな線にするのですから大変な作業でした。左手に小さなぼろ布をもってペン先に付着した紙のかすを取りながらペンを走らせていらっしゃいました。私が会社から帰って来て眠る時にもまだ仕事をしていらっしゃいましたし、朝、目を覚ました時にはもう座って絵を描いてられるのが普通でした。玄関の奥にビアズレーの小さな複製が掛かっていました。先生の影絵の作品に影響があったのでしょうか、そう言えばひまわりという花はアール・ヌーボーの象徴でした。写生をしなさい、デッサンをしておけば後でその形は何度でも使えるから、手芸などは人に見えない所もきちんと作りなさいなどと教えられました。人には優しくご自分には大変に厳しい方でしたので、後年大学でデザインの歴史を教える時にウィリアム・モリスの生き方と重なってとても痛ましく思えることがありました。大学院に再入学しこちらの大学へ赴任して来る時にお別れしたままです。私にとっては中原先生が太陽・それいゆでした。

（愛媛大学名誉教授）

■第三章　パリへ

中原淳一の雑誌創りは、レイアウト、イラストレーション、校正、洋服のデザイン、モデル選び、撮影場所の設定、着付け、ヘアメイク、撮影の演出、中心となる記事まですべて自分の手で行なうという徹底したものでした。

「それいゆ」「ひまわり」やスタイルブック、単行本など自社の本のほか、他社の出版物にも原稿や絵を描き、ラジオ出演、講演会、審査員など頼まれる仕事をすべてこなしていた不眠不休の生活を一時打ち切り、淳一は昭和二十六年、パリへ旅立ちます。

まだ外国旅行をする人など数える程しかいなかった時代で、読者から見ればパリは夢の都。第十八号から二十一号の「それいゆ」には淳一から届く巴里便りが満載されました。

パリで描いた最初の表紙絵

昭和26年8月号（第18号）

昭和27年9月号（第22号）

昭和27年9月号（第22号）

特集

中原 淳一
巴里みやげ

一九五一年四月十四日に羽田を発ち、翌年の六月十八日に帰日した。パリ滞在一年二ヶ月、其の間にスペイン、ローマ、ロンドンを見て来た。

アパルトマンの

セーヌ河畔

キヤフエのテラス

花の市場

ルクサンブール公園

オブセルバトワル公園

ホテルの近辺

モンソオ公園

中原先生の不思議な線

花井　幸子

思い出しても不思議でしかたがないのは、あの頃中原先生の描いていた絵の線の事です。どうやったらあんなにきれいな線がすっと引けるのでしょうか？　先日行われた先生の展覧会にお邪魔し、原画を拝見しましたが、そのきれいなこと！　鉛筆のかすかな跡ひとつない、その繊細な線に、改めて先生の凄さを感じました。デザインを仕事にして、一シーズンに何百枚ものデザイン画を描くようになった今でも、先生のようにきれいな線が引けたことはありません。

少女の頃の私は、先生のような絵が描きたくてたまらず、ずっと先生の絵を描き写していました。年月がたち、デザインを仕事とするようになると、自分のなかのデザインの基準が、幼い頃から見続けた先生の絵によって培われているのが良くわかるようになりました。今改めてあの頃の『それいゆ』を読み返してみると、当時はわからなかった先生の努力が、痛いほど伝わってきます。和服のファッション写真ひとつとってみても、先生のデザイン画のような着付けにするために、着物自体に細かく手を入れているのがよくわかります。あげていくときりがありませんが、今からすればあきれるほど凄いことを、さりげなくやっているのです。美しいものに飢えていたあの頃の少女達のために、先生は全身全霊を込めて、「本物」を与えてくれたのでした。

一度だけテレビで御一緒した先生は、司会者から、流行とは何なのでしょうか？　と問われて、「風のようなものです。春の風が吹けば春の風に乗り、秋の風が吹けば秋の風に乗れば良いのです」とおっしゃいました。まだ駆け出しだった私には、その達人のような言葉が印象深く、今だに忘れることができません。

その後も山手通りを車で走るたびに、先生のお宅の白い壁が見えたのを思い出します。その白い壁の中に、あの頃の私たちの夢がいっぱい詰まっていたのでした。

（デザイナー）

昭和29年5月号（第30号）

美しい手

絵と文　中原淳一

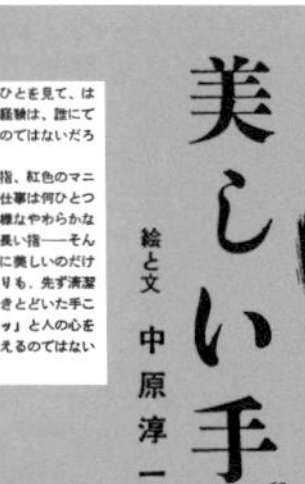

美しい手のひとを見て、はつとした様な経験は、誰にでも何度かあるのではないだろうか。

白魚の様な指、紅色のマニキュア、荒い仕事は何ひとつした事のない様なやわらかな手、形のよい長い指——そんな手はたしかに美しいのだけれど、それよりも、先ず清潔で、手入のゆきとどいた手こそ、その「ハッ」と人の心をうつ手だと云えるのではないだろうか。

指輪はひとつ

例外をのぞいて、指輪はひとつだけ飾るのがいい。両手に四つも五つも指輪をするのは、手を宝石箱と間違えている様に見える。

キラキラと光るものあり、赤い珠あり、真珠あり、黒ダイヤや緑の石も——と云うのでは、私はこれだけ持つています、と見せびらかしている様で滑稽なばかりか、お互にその美しさを殺し合うものだ。指輪もアクセサリーの一つであるのだから、出来ればドレスとの調和を考えて、両手に一つときめたい。

毎日爪を切る

爪を切る事も毎日の日課にしたいものだ。

形よく長く伸した爪ならばさほどでもないが、キチンと短かく切つた爪ならば毎日切る方がよい。

切つたその日の爪の長さが一番よい状態であるのなら、翌日はそれより少しでも伸びているのだから又その日も切る方がよいと云う事になるだろう。

爪が伸びていなければ爪の間に黒い垢がたまる事もない訳だし、不潔な爪の手に指輪など飾つているのも不快であり滑稽である。

手をよく洗う

「美」と感じる事の極致は、結局清潔だと云う事につきてしまうものだとすると、何でも先ず最初に清潔でなければならないのだと云う事にもなつてしまう。それは手だけではない、すべてのものに云えることだが——「美しい手」は先ずよく洗う事にはじまる。

炊事や洗濯をしていれば、それは自然に手を洗つている事になるけれど、一日に何度でもよい。思いついた時にはいつでも石鹸でよく洗う事だ。

爪の間から、指先の指紋の間まで、少しの汚れもない清潔な手は「ハッ」とする手であり、その手はよく洗う事によつて創られる。

爪を紅く染めたり、キラキラと輝く指輪で手を飾るより先に、手を洗う事を生活の習慣にしてしまわなければいけない。

手が清潔である時は心まですがすがしく明るいものだ。

168

長い爪

長い爪と云えば、古い昔の中国では長い爪を誇る習慣があつたと聞いているが、それは働かなくてもよい身分であると云う事をその爪の長さによつて証明し、かつそれを誇りとしていたものらしい。

ところで小指の爪だけを長くしている人は時々いる。そんな小指の爪の長い人は男の中にもよく見かけるのだけれど、おしやれで長く伸ばしているのならばいつも清潔であつてほしいものだし、耳をほじるために長く伸ばしたりするのならばどうもあまりいい趣味だとは考えられない。

爪を噛む

おとなになつてもまだ爪を噛む癖のあるひとがある。

そんな癖は勿論見た目にも美しいものではなし、第一に噛み切つた爪などは美しい手をつくる条件とは全く逆なものだと云える。

美しい爪は美しい手を創る大切な条件のひとつだから、伸びた爪は一番形よく切る事を研究して、決して噛み切るものではない。

気どつた手のポーズ

ちよつとした手の位置や指さきのポーズで、その人の感じが全く異つたものになつてしまう。

それだけに手の表情と云うものは大切なものだが、あまり気にかけすぎて、妙に気どつたのはどうも感心出来ない。

軽いものをちよつと持つたりした時に、小指をピンと上げるのは、もう習慣の様になつている人もよく見かけるものだが、素直さがなくてキザであまり見よいものではない様に思うが——。

マニキュア

爪を赤く染める事が戦後の間もない頃は色々と問題になつていたが、今はもう常識の様になつてしまつた。

赤い爪の手は働く手の美しさではない。飾つた手の美しさだ。

紅色の爪が手を華やかに飾つているのに、その手が不潔に汚れていたのではものほしそうで羞かしい事だし、赤く染めた長い爪の裏側に垢がたまつているのなどは全く不快である。

その垢を片方の手の爪先でほじくり出している人を時々見かけることがあるが、そんな不潔な赤い爪なら、いつそさつぱりと自然の色で、垢のたまらない短かい爪の方がずつとこころよい美しさだ。

169

昭和30年5月号（第34号）

Sandal

夏は軽やかなサンダルシューズの足もとで……

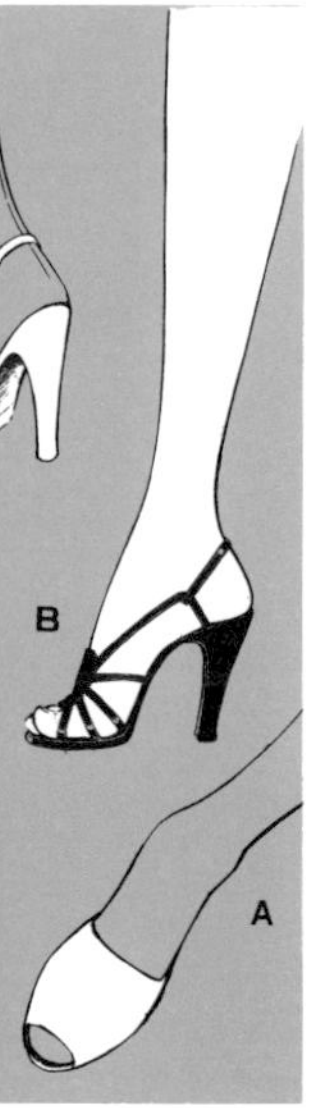

夏が近づいて、これからはサンダルをはく季節がやってくる。とかく足許が重苦しく感じられがちな日本人には、この軽やかなサンダルはとてもよいものだ　そこで、そのサンダルを美しく愉しくはく為に、ここで少し気の附いた事を述べてみたい。

先ず、真夏にはくサンダルなら、色んな色のものよりも白が一番だと決めて頂きたい。それは、靴の数を沢山持っている人ならば、色々な色の靴を持っていて服によって合わせるのもいいけれど、そうでなければ、白ならば夏服のどんなものにでも合うし又、夏向きのサンダルだとしたらやはり軽やかな足許でありたいのに茶色や黒ではその効果が出難いから、その意味でも白が一番いいと云える。

ところでサンダルと云うものは、云う迄もなく足があらわに見えるものだ。例えナイロンの靴下をはいてみたところで素足と同じ様によく見える。まして本当の素足の場合は夏場の汗と埃りですぐ足が汚なくなるから、気を附けていつも足は清潔に洗っていたいし爪も綺麗につんで頂きたい。顔をコンパクトで何度も直すなら足も汚れていないかと時々気を附けてみる位の注意が欲しいものだ。

又、このサンダルというのは、普通の靴なら少し位自分の足より大きなものでも爪先に綿か何かを詰めれば大して目立たずにはけるものだが、サンダルの場合はそうは行かない。又その逆に普通の靴が小さ過ぎた場合は足が入らないので、どんなに気に入っても諦める他はないが、サンダルならば入って了う　そこで気に入った靴があると、少し位大き過ぎたり小さ過ぎたり等してもはいてはけない事はないのでつい買って了うものだ。ところでこのサンダルこそ、自分の足にぴったり合っていないものはゆめゆめ買うものではない。例えば、大き過ぎたサンダルは、どんなによいデザインのものでも「E」の様な結果にな

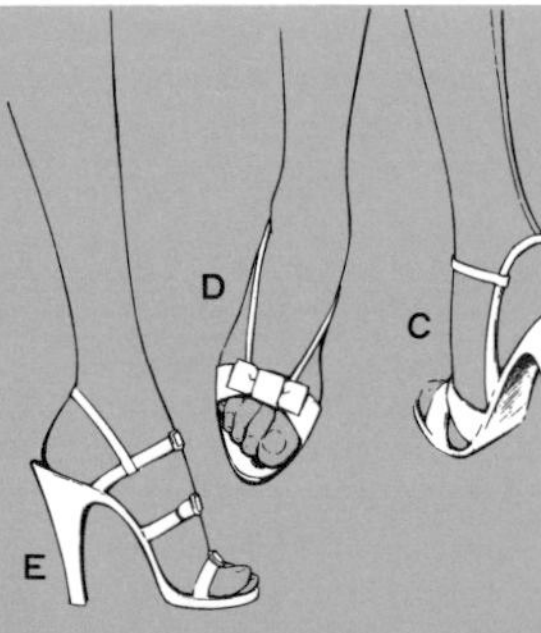

る。自分では爪先の方を見ていて気にならないのかも知れないけれど横や後から見ると踵から後に靴の方が余っている。等というのはむしろ滑稽だ。又靴の方が小さ過ぎてこの絵の「K」の様になるのも同じく滑稽な事だ　重ねて云うと、普通の靴は大きくても判らないし小さいのははけない。はけなければ買わ

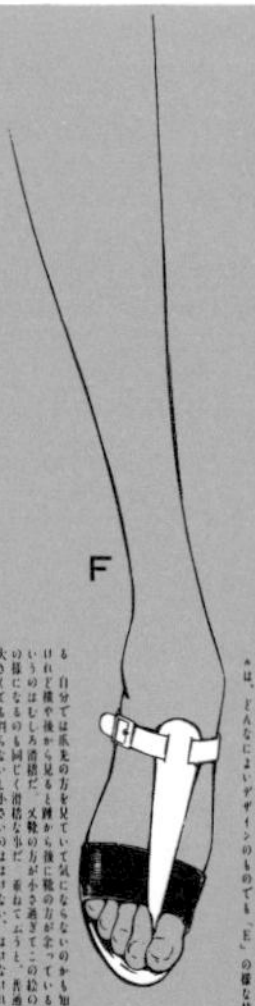

ないがサンダルの場合ははけるから困ったものだ。やはりサン [illegible]

上に足をのせた様に、太った足で平な靴をはくのも可笑しい。それでは折角のよいデザインも台無しになるから、足の形と揃うような靴を買いたい。又、自分の足の形が特殊でどうしても自分に合った靴がない、というのなら「H」とか「L」の様に、余り爪先の見えないものとか爪先だけすっぽりと隠して了った様なものを選んだ方がよいのではないだろうか

又サンダルには踵を隠したものとあらわしたものとがある。踵の見えるものだったらその踵は是非きれいにしていたい。冬のアカギレの跡などが露わだなど——というのは自分では気が附かなくても大変見苦しいものだから、そんな時は踵を軽石でこすったりするのもいいのだそうだから、そういう事を試みるのも大した手間ではなく美容体操より遥かに簡単な事だ

又、丁度スリッパの様に、つっかけただけの様なサンダルもある　これは機能的な感じではなく、避暑地などで楽にはく感じのものだから、通勤などにはいては可笑しいし走ったりすると脱げそうになるのではないか　同時に又洋服との調和も考えなければ可笑しい

ところで、夏はソックスをはく人が多くなるようだけれど、どんなスポーティな靴だからと云っても、サンダルにソックスをはくのは子供ならとにかく余り感心しない。もし、白いサンダルに白いソックスをはいたとすると丁度白足袋をはいたようで、サンダルという、踵間から素足の見える美しさがなくなって了う。サンダルは、長い肌色の靴下か、そうでなければ素足ではくものだ。

そこで因みに云っておくが、サンダルの底（中）はいつも綺麗に拭いてさっぱりとしておきたい。靴の手入をしている積りでも底ははいていれば見えないなどと云って手入れを怠ったりして、一寸脱いだ後に真黒な五本の指の跡がにまっきりとついていた等というのではサンメツだ。

中原淳一

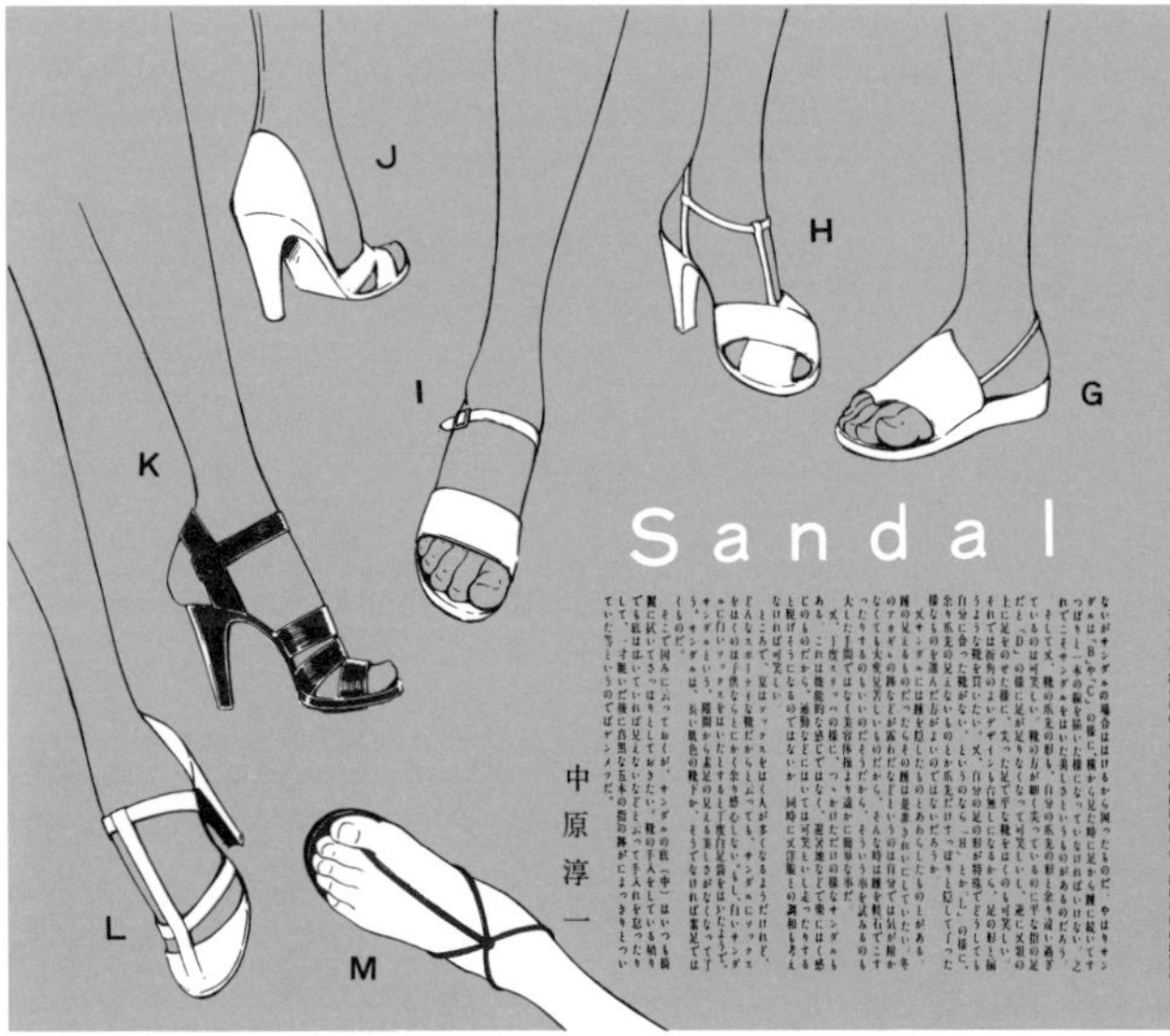

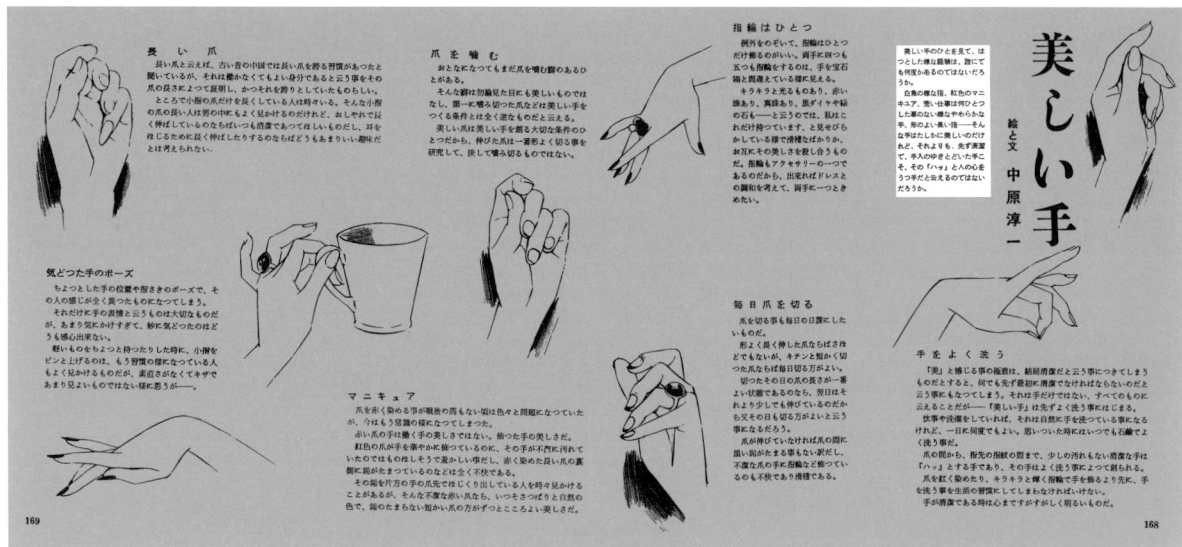

それいゆ十年の歩み

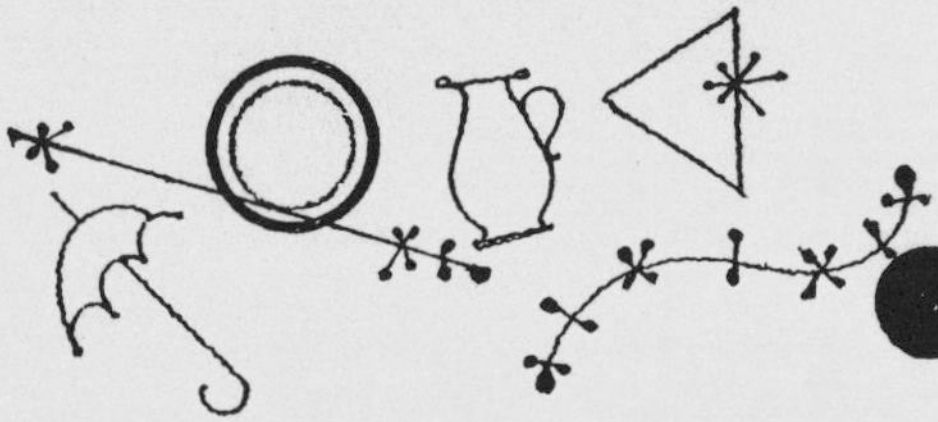

隔月発行に当つて

ひまわり社の創め

昭和二十年の八月は誰でもが知つている大東亜戦争の終熄の時。

その翌年二十一年に、この「それいゆ」の第一号が創刊されたのです。

しかし「それいゆ」のことをお話する前に「ひまわり社」の出来た頃のことをちよつと書かせて下さい。「ひまわり社」は昭和十四年四月に麴町四丁目に店舗を構え、服飾雑貨と洋裁の店として出発したのですが、間口八尺五寸・奥行五間の小さな店はお客様が道路にあふれ、中原淳一の抒情を慕う女学生や若い女性達には往年の夢二の版画を売る「港や」のような存在になりました。

日本で殆めてスタイルブックを出版する

その頃、スタイル・ブックと云えば外国の雑誌ばかりで、ヴオーグが二円五十銭、ジャルダン・デ・モードが一円五十銭位で日本の出版社のものは全然出ておりませんでした。一般の常識では日本版のスタイル・ブックはとても売れないと考えられていたのです。

しかし、皆様の熱望に甘えて、ヴオーグより一まわり大きく、しかし厚さは五分の一位の中原淳一著〝きものノ絵本〟と云うスタイル・ブックを定価二円三十銭で発行したのですから、他社からは気違い扱いされたものです。

ところが、一たび新聞に広告するや、書留とお客様が店頭に雲集し、書店の手を煩わさずして瞬く間に十数万部を売り尽して、日本人の作つたスタイル・ブックが売れないことはないと云う先鞭をつけたのです。

これが「ひまわり社」が出版社として出発した経緯なのですが、今日服飾誌の降盛を見るにつけても感慨無量のものがあります。

白靴を流行らせた中原淳一

中原淳一先生のものが何故それ程女性の心を捉えるのでしようか？

或る女性が私に云いました。

「ほんとに日本の女の人が夏でないシーズン外れに白靴を穿けるようにして下さつたのは全く中原先生のお蔭ですわ。白靴を穿くとパアッと足元が明るく軽やかになりますものね」と。

成る程、中原先生のスタイル画は殆んどと云つていゝ位、白靴をはいていますが、整理されたデザインのポイント、若鮎のような魅力を持つスタイル、和服の新らしい着付、衰退するかに思われた日本髪を新らしく甦らせた功績等々……発表するものゝ凡てが女性の心を打つて来た訳です。

それいゆの心「愉しく新しく」

人の心を打つためには底に流れている何かがなければならない筈です。

——愉しく新しく暮らす——軽薄に流れず、華美に渉らず、地についた暮しの中で愉しく暮らすということ……これは「それいゆ」が創刊以来叫びつゞけて来たことなのですが、

〝それいゆのお蔭で着るということ、暮らすということがこんなにも愉しいものだと云うことを心ゆくまで教えられた〟と云う私共に張合いのあるお便りをしばしば頂きます。内面的にも一ツの事象を捉えて温かい解釈、新らしい理解をする知恵を磨きたいものです。

読者の皆様の熱望に応え隔月刊に

〝それいゆは何度読んでも飽きない〟〝それいゆは古本屋に売る気がしない〟と皆様から嬉しいお便りを頂きますが〝季刊では物足りない、編集上月刊が無理ならば隔月でもいゝですが〟と云うお叱りも物凄く多い。出版社は常に読者の心を反映していなければならないという哲理のもとに十年の轍を経た「それいゆ」は昭和三十一年を期して隔月発行に発展したのです。何卒、より健かな成長を温かい眼で見守つてやつて下さい

隔月発行に際して、過去三十六号を再びこゝに御紹介し、尚この独特な体裁、内容を誇りとする「それいゆ」は優れた資材と卓越した技術の・次の各商社の御努力によつて創られていることも更めて皆様に知つて頂きたくこの頁を設けました。

ひまわり社社長　中原啓一

■第四章　女性のくらしを新しく

パリで心身の疲れを癒し、自由の空気を満喫して帰国した淳一を迎えて、留守中購読者数が激減していた「それいゆ」は再び勢いを盛り返し、円熟期へと入っていきます。

第三十三号からは表紙に「女性のくらしを新しく美しくする婦人雑誌」とキャッチフレーズが明記されます。

そして昭和三十一年、創刊十年を迎えたのを期に、季刊誌だった「それいゆ」は第三十七号から読者の要望に応えて隔月刊となり、淳一の生活も以前にも増して多忙なものとなっていきました。

第37号の表紙。この号から隔月刊に。

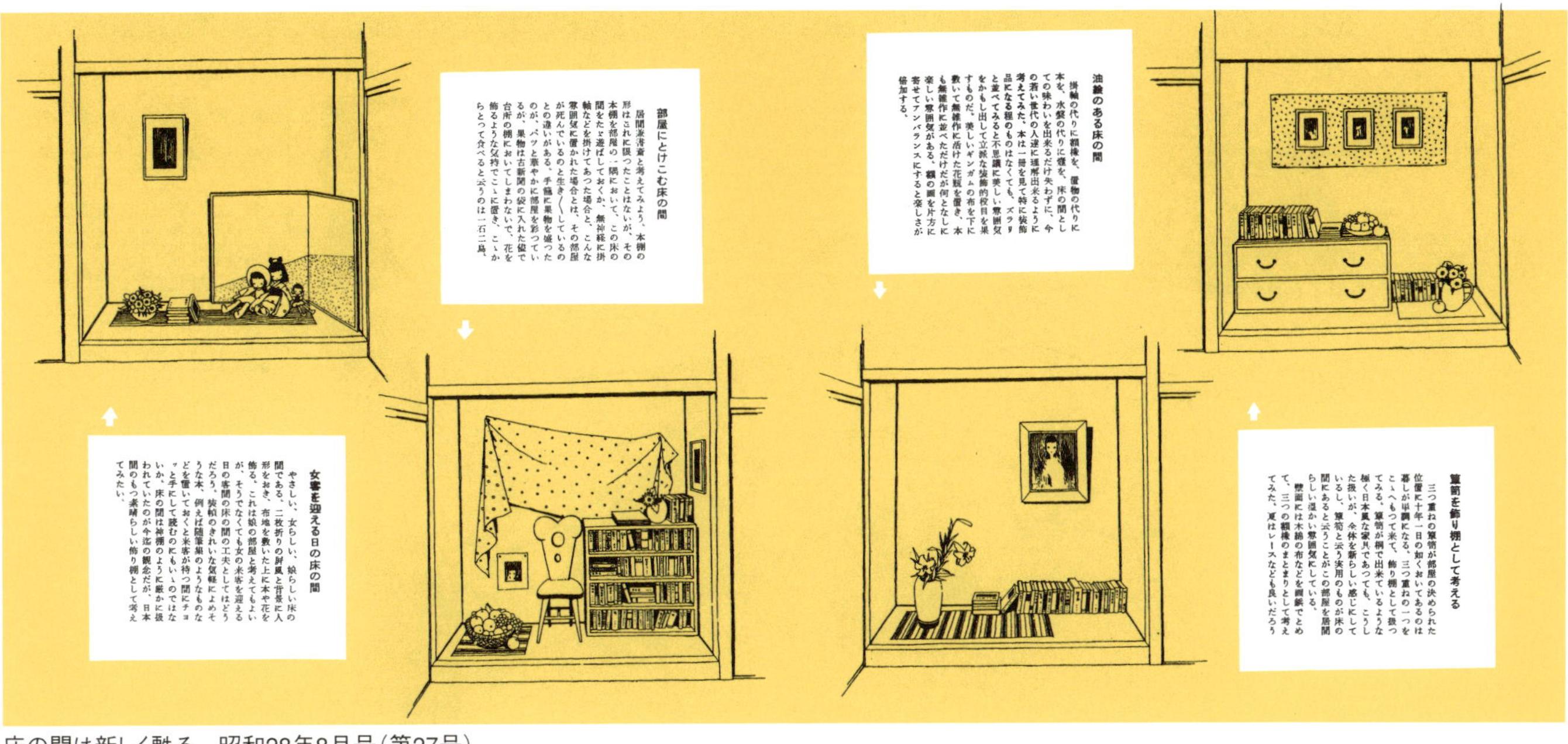

床の間は新しく甦る　昭和28年8月号（第27号）

一つの型紙から何種類ものデザインを作る、一着のドレスを何通りにも仕立て変える等の試みは淳一の得意なもの。
昭和30年5月号（第34号）

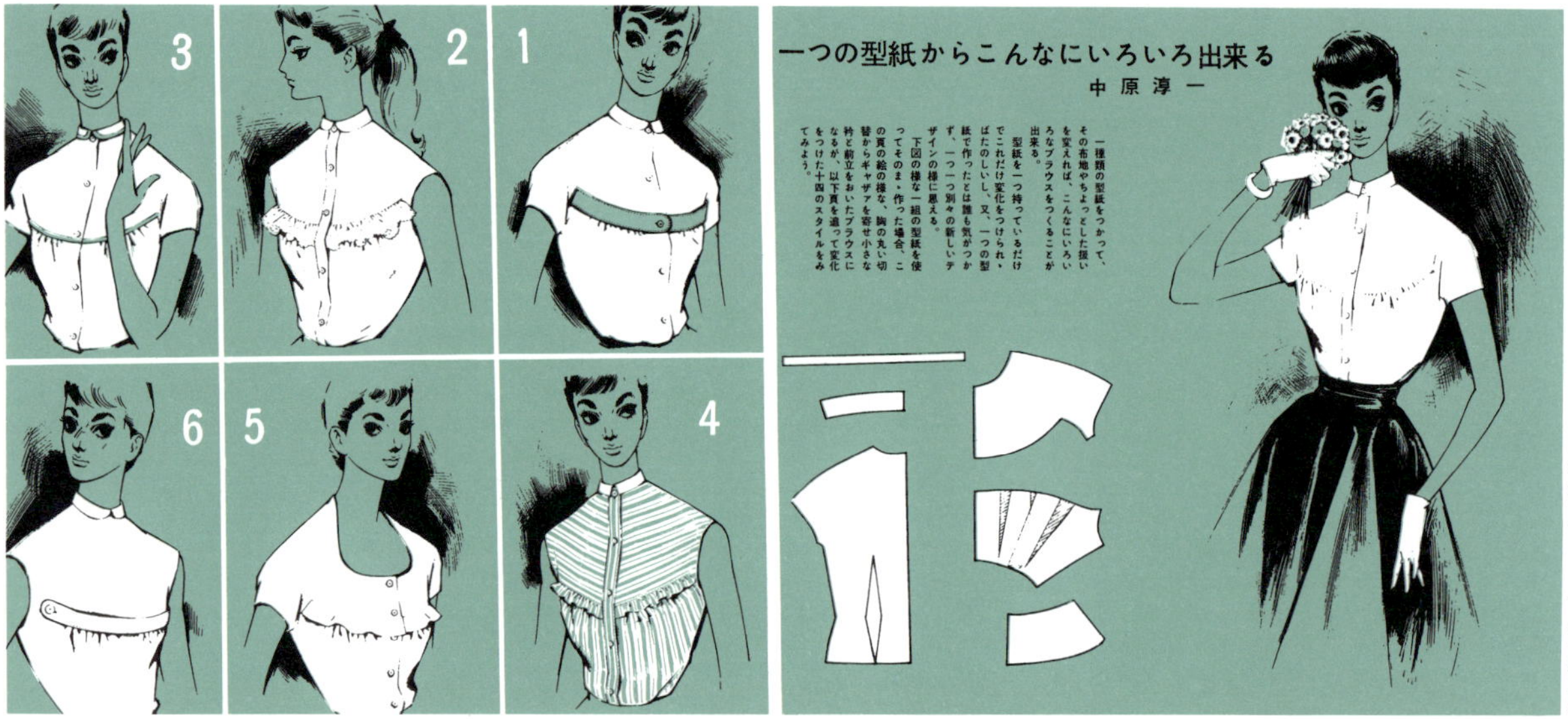

一つの型紙からこんなにいろいろ出来る

中原淳一

一種類の型紙をつかって、その布地やちよっとした扱いを変えれば、こんなにいろいろなブラウスをつくることが出来る。

型紙を一つ持っているだけでこれだけ変化をつけられ・ばたのしいし、又、一つの型紙で作ったとは誰も気がつかず、一つ一つ別々の新しいデザインの様に思える。

下図の様な一組の型紙を使ってそのま・作った場合、この頁の絵の様な、胸の丸い切替からギャザアを寄せ小さな衿と前立をおいたブラウスになるが、以下頁を追って変化をつけた十四のスタイルをみてみよう。

エプロンは夏のホーム・ドレス

中原淳一

エプロンは家庭着。

もし、可愛らしいステキなエプロンをもつていたら家庭の奥様は一日が今より少したのしい。

おつとめのお嬢さんは朝のひと時がたのしく、日曜日の仕事がぐっとはずんで来るだろう。

もし、七枚のエプロンをもっていて、毎日その日の気分によって取替えたら、あなたの毎日は明るくて…………………

もし、その七枚のエプロンをお友達の御結婚の贈り物にしたなら、そのひとのスイートホームに幸せが一つふえることになる。

163

162

手芸のページもますます充実。アップリケも淳一がはやらせたものの一つ。
昭和31年6月号（第39号）

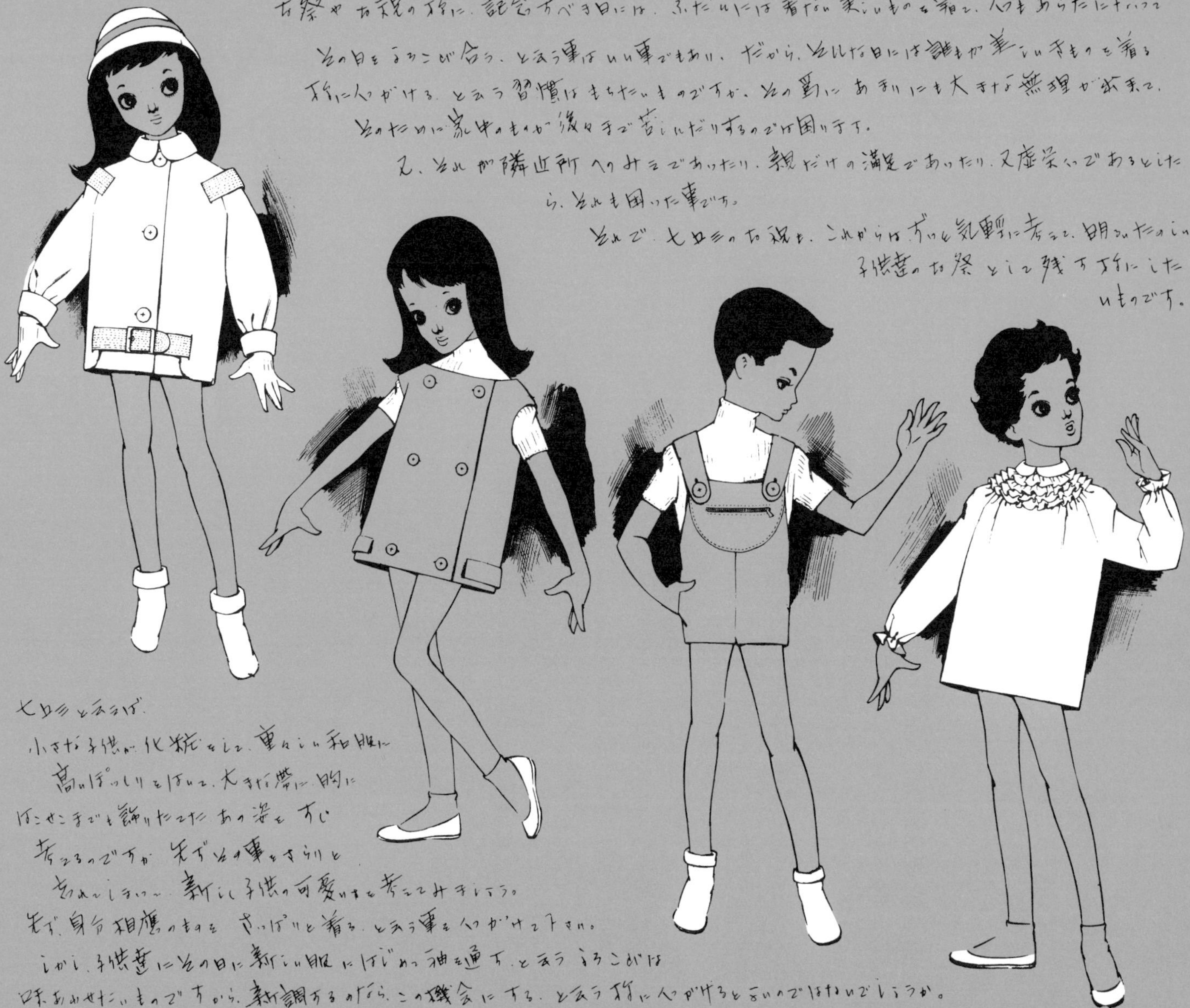

七五三をこんな風に考える　昭和33年10月号（第53号）　子供服に関する提言も折りにふれて掲載された。

憧れのひと

金子　功

少年の頃、姉が愛読していた『ジュニアそれいゆ』を手にしなかったら、今の自分はあるだろうか？　と考えることがある。予約して購読していた姉以上に私の方が愛読し、ぼろぼろになるまで読みふけった。有名タレントの情報やモデルさんの名前、外国のファッション……田舎にいた私は、『ジュニアそれいゆ』という窓からきらびやかな世界をおそるおそる覗いていたのだった。

雑誌にあらわれる中原先生は、憧れを通り越して日本でただひとりの人だと思っていたし、先生のようなデザイナーという仕事ができるなど夢にも思わぬ、田舎の一少年だった頃が懐かしく思い出される。もちろん同級生の男の子たちと中原先生の話をできるわけもなく、文化服装学院に入って高田賢三氏やコシノジュンコ氏らと出会い、心ゆくまで中原先生のすばらしさを語り合える友人を見つけられたのは幸せだった。中原淳一という存在を通じて、同じ理想を共有できる人々と初めて出会えたのである。

上京してからも私のそんな愛読ぶりはまったく変ることがなかった。グラビアに写っている椅子が欲しくてたまらず、デパートに走ったようなことなどもしばしばあった。全号隅々まで読みつくし、中原先生の絵の細かな変化まで逐一把握しているという自信めいたものさえあった。

そんな日々を過ごしていたある日、中原先生が装苑賞の審査員として学院に現れた。まだ一年生だった私は、中原先生を見るだけのために走った。大勢の野次馬の背後から先生の姿がちらりと見え、その磨きあげられた靴の白い色が私の目に飛び込んできた。前後の細かいことはもはや忘れ去ってしまったが、今でもあの鮮やかな白はくっきりと思い出すことができる。

（デザイナー）

スタイル画をかきたいひとへ

その三

中原淳一

この前は八頭身のからだをかいて、それがいろいろに変った安定したポーズをとると、目盛の中でどう変化していくかを勉強しました。そのなかで一番おぼえておいてもらいたかったのは、からだを支えているほうの足と首の位置とが、一本のたての線でつながっているということでした

この号では、そのからだにドレスを着せてみましょう。このことはスタイル画のもっとも重要な生命なのです。同じデザインのものでもすっきりかいてあると非常に美しくみえるし、まずくかいてあると、それが同じものだとはみえません。デザインコンクールなどでよくあることですがスタイル画のかき方が下手だと、そのデザインが良いか悪いかがわからなくなってしまいます。そのために落選になったもののなかに、あるいはねらいのよいものやおもしろいものがあるかもしれません。しかし、タイトスカートがピチッとからだにそっていないのや、カラーの首にそった感じのないもの、また、袖がブクブクしていたり、ドレスがねじれていたり、フレアースカートが袋のようなものはちょうど着古したドレスのようにみえて、美しさが感じられません。それは、デザインが絵のうまさでごまかされるというのではなく、へたな絵だとデザインが審査員にわからないので、やむをえないのでしょう。

スタイル画のドレスをかくのは、上手な仕立てでそのデザインをドレスの上に生かすようにかくことで、その勉強をしてみましょう。

A

B

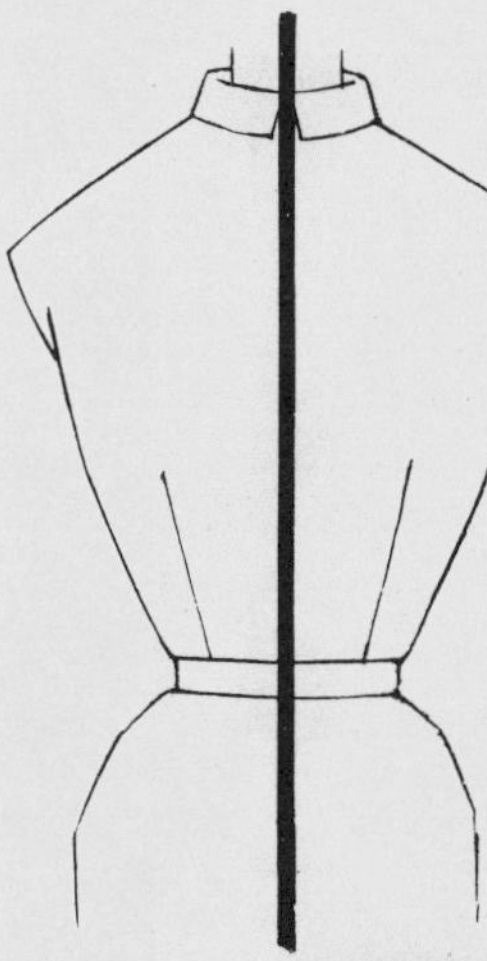

C

D

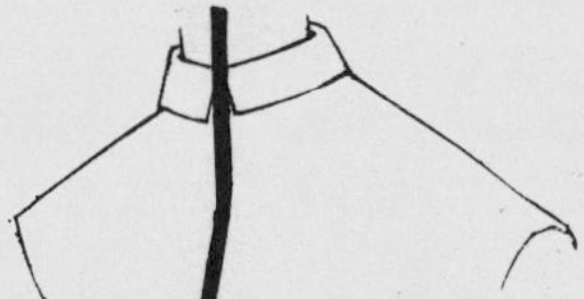

昭和32年10月号（第47号）。「スタイル画をかきたいひとへ」は第44号より10回連載された。

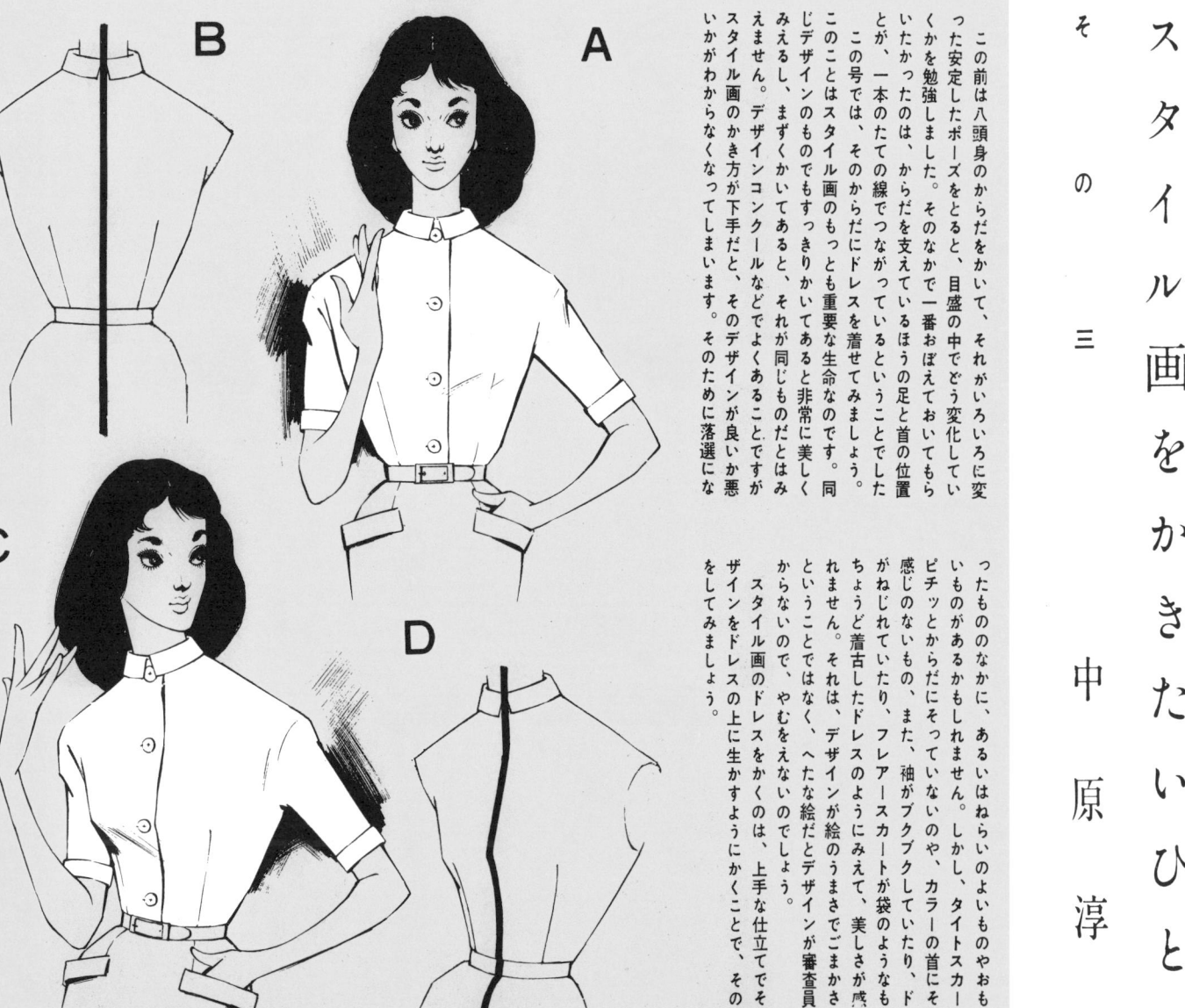

カルメン　昭和24年6月号（第10号）　少女漫画へと受け継がれていくことになる淳一の名作絵物語。

まぼろしの少女たち

宇野亜喜良

あの灰色の戦争の終結は小学校六年生の集団疎開中に迎えた。戦後、しばらくして復刊された「少年倶楽部」は綴じた雑誌のかたちをしていなくて、印刷

されて折りたたまれたままのものだった。本屋の帰りが雨になり、それを頭にかざして濡らしてしまった思い出がわびしくうら哀しい記憶である。

ぼくは「少年倶楽部」や松野一夫の表紙だった「少年」を購入していたが、三つ違いの妹は「少女」を買っていて、そのうちしばらくすると「ひまわり」や「それいゆ」が発行され始め、そちらに切り替えたようであった。

妹が、ぼくの少年雑誌を読むことはなかったが、ぼくのほうは妹の雑誌をよく読んだ。「それいゆ」は、そのころの雑誌の中では取りたてて豪華で、ちょっと四角っぽい変型サイズ、表紙もニス引きだった。中原淳一さんの線描に色を塗っていくスタイルとは別に水彩画風だったり、パリに行かれたころ油絵に変わったりした表紙の絵は、いつも楽しいものだった。艶のある厚めの表紙を開くと、中はカラーだったり、二色だったり、また変型の小型の頁があったりした。それは、いかにも部屋をいっぱいもった城館のようでもあったし、いくつかの小筐を抱えた少女のようでもあった。

そういってみれば、ぼくの「少女」というイメージとの邂逅は実人生よりも、むしろ「それいゆ」の中でだったような気がする。宝塚を知ったのも、マリウスやファニーといった名作読物も、カーテンのフリルも、小花のコサージュやブーケも、アップリケもフリンジも、ペチコートも、女の子の髪型も、人形も、芹沢光治良も川端康成も鈴木悦郎も長沢節も内藤ルネもここから始まっているのだ。

勤めていたデザイン会社でコピー・ライターだった本間真佐夫君に、エレベーターの中で「宇野さんていくつなんだろうって内藤ルネさんが言ってたよ」と言われたとき、それいゆの中で出会っているルネさんの描く少女や人形たちに憶いを馳せ、あのルネさんがぼくのことを……と感動したものである。

今でもイラストレーションでGパンのステッチを描いたり、人物の瞳をどうしても大きめに描いてしまう僕のＤＮＡのようなものは、実は中原淳一を原体験に持っているせいなのかも知れないと思うのである。

（イラストレーター）

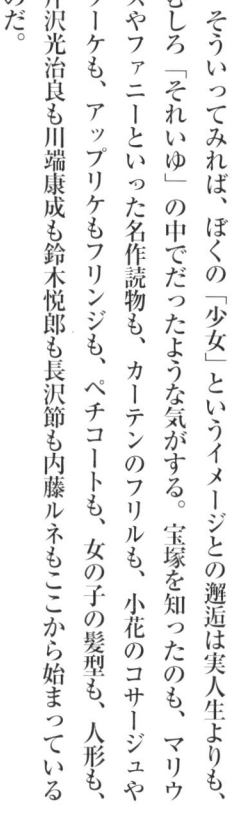

■第五章
誌面を飾ったスター達

読者に幅広い教養を身につけてほしいと願う「それいゆ」。そのグラビアには映画、演劇、音楽、文学、スポーツ、華道、茶道、哲学、服飾その他、様々な分野の著名人が登場し、インタビューにこたえたり、特集のテーマに応じて寄稿したりしています。

一方で淳一はこれから伸びていくであろう若い才能を見出す優れたプロデューサーでもあり、選ばれた沢山の若いスター達が淳一の洋服を着るモデルとして誌面を飾りました。

ペギー葉山さんのドレス拝見　昭和34年8月号（第58号）

夢とロマンと優しさと……

ペギー葉山

私の少女時代、「ひまわり」を大事そうに抱えて歩いている少女は、ちょっとしたエリート意識があったものです。当時の少女たちは、あの頁から抜け出して来る様な女の子になりたいと誰もが思い憧れ、本の発売を待ちこがれたものでした。戦後の物資のない昭和二十年代、私たちはあの本からどんなに沢山の夢と希望を贈られた事でしょう。余った布地などで作る「お人形」「エプロン」。小さな「しあわせ」を先生は育てて下さいました。私がデビューして間もない頃、「それいゆ」のグラビアに登場して下さいとの依頼を受けた時は天にも昇る心地だったのを覚えています。初対面の中原先生は、真白

大映撮影所にて、根上淳と中原淳一

昭和32年2月号（第43号）高英男と

なトックリのセーターを、ツィードのジャケットの下にさり気なく着こなし、あの独特のヘアスタイル、お優しいお顔の中に、ちょっぴり鋭い眼の光を感じました。

「高英男さんとの仲良しコンビの洋服」「ペギーさんのお衣裳拝見」「初めてのアメリカ旅行のトランクの中……」と云った撮影は思い出しても楽しいものでした。渡米のために先生から贈られたピンク色のサテンの着物、銀ラメのモダンな帯は、海の向うで大喝采！　どんな撮影でも先生は現場で陣頭指揮をされていました。こまやかなスカートのライン、照明の効果、小道具の点検、センスの行き届いた緊張感の中で決して妥協を許さない厳しい演出のもと撮影は進んで行きました。先生の江古田の瀟洒な家がそのままスタジオに変身する事がしばしばありました。そのエネルギーの注ぎ方は凄味さえ感じる時もありました。――昭和三十年の秋、渡米からの帰朝公演の合間をぬって私は日比谷の松本楼で開かれている大映スタア根上淳氏の後援会の発足パーティーにファンの一人として花束を持って駈けつけました。そこには映画界のお歴々と共に、同じ「淳」のよしみで後援会長を快諾された中原先生のお姿がありました。

その年の暮の第一回目のリサイタルには、先生デザインの裾を長く引いたすみれ色の布地に花々をあしらった超豪華なドレスに身を包んで私は歌いました。そして第二回目も第三回目も回を重ねる度に先生デザインのドレスはファンの方々の話題をさらったものです。

月日が流れ、根上淳との愛をひそやかに育んで、いよいよ婚約する事になったある夜、山手通りに建っている真白なお城の様なお宅を訪れました。その折の先生のお言葉……〝ペギーさん、職業を持つ女はいつも爪を研《と》いでいるものです。でも家に帰った時は、研ぐのはお止めなさい……良い家庭を作って下さい〟――

*

鳥居坂教会で行われた先生のお葬式には、葦原邦子さんの依頼で、先生のお好きだった讃美歌を歌いました。悲しみが胸に拡がり何度も嗚咽で歌がとぎれました。

中原先生からいただいた「美への追求」「優しさ」「夢」の数々が、二十一世紀に再び大きく花開く事を、心から願う私です。

先生、豊かな愛をありがとうございました。

（歌手）

朝丘雪路さんのおみやげ拝見
昭和34年2月号（第55号）

七光り三人娘
昭和33年2月号（第49号）
水谷良重・東郷たまみと

オシャレさん

朝丘　雪路

初めて先生のモデルに選んでいただいた時、父が不思議そうに「どうして選んでいただけたんだろうねえ」と言っていたのを懐かしく思い出します。あまり不思議そうだったので、私も中原先生にお会いした時に、つい「どうして私なんかを選ばれたんですか？」と聞いてしまいました。そうしたら先生は「鼻がツンと上向いてて、唇が分厚くて、目が大きくて、下がり目筋だからだよ」といたずらっぽくおっしゃったのです。子どもだった私は思わず吹き出して、ほめられているのかけなされているのか、わけがわからなくなったものでした。

一番最初にお会いしたのは、先生の絵のモデルにしていただいた時でした。まだ髪もポニーテールの十三、四歳の頃だったと思います。その後宝塚に入って、『それいゆ』での写真撮影のお仕事も頂くようになりました。撮影の折りには先生のアトリエで準備をして、衣装を合わせてから出かけるようなこともよくありました。できあがった『それいゆ』は、自分が出ているかどうかなんて関係なく、隅々まで夢中になって読みました。あの頃私たちは、みんな『それいゆ』でファッションというものを学んだような気がします。着物にフェルトでアップリケをしたり、蝶々をいっぱい作って固めて袖にしたり、フェルトをスカートにしたり、総フレアのスカートを落下傘スタイルにして下に沈まないよう工夫したのも先生がはじめてではなかったかしら？　とにかく先生は本当にアイデアマンだったと思います。

先生にお洋服を作っていただいて、実家のある銀座に帰ってゆくと、道行く人たちが振り返ってゆくのがよくわかって、得意になったものでした。中には「それ、中原先生のお洋服でしょ？」と話しかける人もいたぐらいです。先生って、本当に「オシャレさん」なんだなあ、とつくづく思ったものです。今でも私の記憶の中の先生は、少女の頃に可愛がってくれた、ビロードのズボンをはいた懐かしい「オシャレさん」のままなのです。

（俳優）

▲鶴田浩二　昭和27年12月号

▲扇千景・高島忠夫　昭和33年2月号

宮城まり子　昭和32年10月号

宍戸錠　昭和31年4月号

北原三枝・長門裕之　昭和31年10月号

▼南田洋子　昭和31年10月号

▲田宮二郎・野添ひとみ　昭和33年4月号

▲小林旭・朝丘雪路　昭和32年10月号

▲高峰秀子　昭和27年3月号

◀小山明子　昭和31年12月号

◀宝田明・雪村いづみ　昭和32年8月号

◀森繁久弥　昭和28年11月号

▼田宮二郎・戸倉緑子・菅原文太・岡田眞澄　昭和32年4月号

▲左幸子・葉山良二　昭和32年10月号

◀池部良　昭和25年6月号

◀久我美子　昭和31年6月号

▲三船敏郎夫妻　昭和25年11月号

▲若乃花幹士　昭和33年4月号

▶江利チエミ　昭和28年11月号

▶佐田啓二　昭和27年5月号

▶大内順子　昭和31年10月号

▶石原裕次郎　昭和34年2月号

▼ダークダックス　昭和32年8月号

▲石浜朗・水野久美　昭和33年2月号

◀淡谷のり子　昭和33年4月号

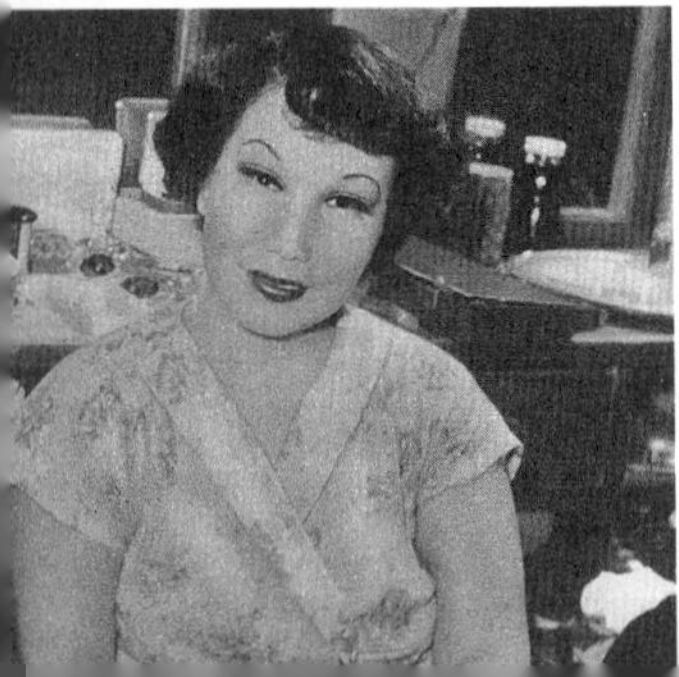

▼対談／花柳章太郎・中原淳一・高峰三枝子　昭和22年5月号

▶津島恵子　昭和32年8月号

▶安西郷子・中山昭二　昭和31年1月号

▲水谷八重子・良重　昭和34年10月号

▶中村メイコ母娘　昭和34年10月号

▶市川染五郎　昭和34年12月号

▶芥川也寸志　昭和32年10月号

▶長嶋茂雄　昭和33年2月号

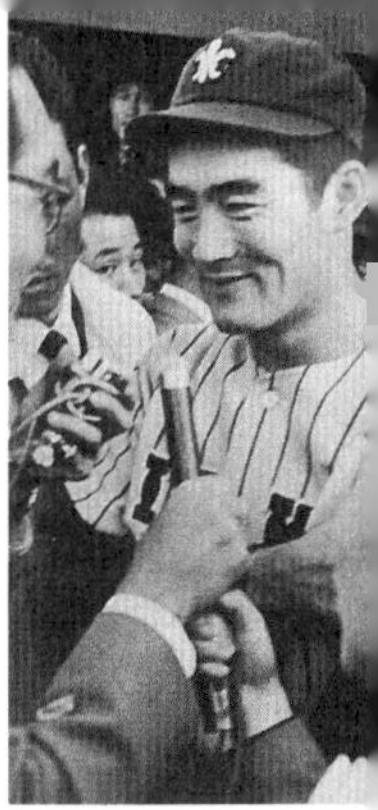

▲黒沢明　昭和25年11月号

▶杉村春子　昭和31年12月号

▶尾上松緑　昭和28年11月号

▶團伊玖磨　昭和27年12月号

◀大谷洌子　昭和27年12月号

◀水ノ江滝子　昭和25年6月号

◀浅利慶太　昭和32年4月号

◀岸恵子　昭和31年10月号

▼仲代達矢　昭和33年2月号

◀宇野千代　昭和25年11月号

▲丹羽文雄夫妻　昭和30年5月号

▲遠藤周作夫妻　昭和31年10月号

▲石原慎太郎夫妻　昭和31年10月号

▶川端康成　昭和25年6月号

◀平岩弓枝　昭和34年12月号

◀田中澄江　昭和28年8月号

花の絵のひと

淡路　恵子

映画『のら犬』を撮影していた時のお話ですが、台風で撮影所が停電になり、忙しいスケジュールの中でぽっかり一日お休みになったことがありました。その時三船敏郎さんが、私がどこかへ行ってしまわないよう相手をしてやれと黒沢先生に言われたんでしょう、銀座へつれていって下さったのです。その頃私はまだ一六歳で、三船さんはもう三〇近く、子どもをつれ歩いているようなものだったでしょうが、生れて初めてビフテキというものをごちそうになって目を丸くしたりしながら、うきうきした気持ちで、たまたま新橋まで来た時、書店の店頭に『ひまわり』の最新号を見つけました。思わず「あっ、ひまわりだわ！」と叫んでしまった私に、三船さんは笑いながらその『ひまわり』を買って下さったのでした。

『ひまわり』の創刊号から熱心な読者だった私は、女学生の頃、住んでいた小岩の家から神田まで、最新号が出るのを待ちかねてお友だちと電車に乗って買いに行ったものです。カーキ色だらけのあの戦後の頃、美しい物を求めてやまなかった私たち少女世代の感性を育てて下さったのが中原先生でした。思えば奇跡的に良い時期に出会ったものです。

その後『それいゆ』でモデルに使っていただくようになると、中原先生はよく「黒沢さんより先に、ボクはもう君を見つけていたんだけどな」と機嫌よくおっしゃっていたのを思い出します。私の目黒の家でよく撮影したことなども、懐かしく思い出されます。

先生の描く絵のすばらしさを、私は最近、とくに花の絵に感じています。あの花の絵の質感は、日本人の感性の枠を超えているのではないでしょうか。本当に繊細で素敵だと思います。今さら仕方のないことですが、本当に一枚でも、先生の絵にサインを頂いておけば良かったと悔やまれてなりません。思えばあの頃は、先生はいつまでもお元気で、美しい絵を私たちのために描き続けて下さるのだと信じて疑わなかったのでした。

（俳優）

昭和28年11月号（第28号）

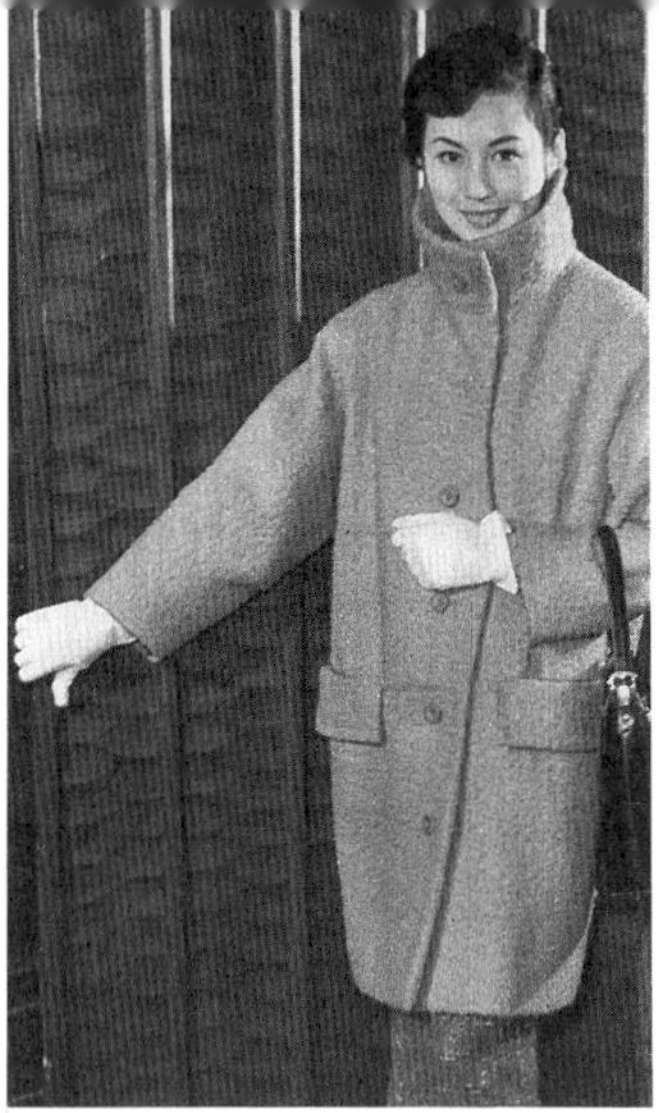
昭和29年11月号（第32号）

中原淳一と

『それいゆ』の思い出

司　葉子

それいゆ……とつぶやくだけで、少女時代の思い出が鮮やかによみがえってきます。

『それいゆ』は私にとって特別な存在で、一冊の本を、繰り返し繰り返し見て大事にしていたものです。そして中原先生のすてきな絵を、描き写して飽きずに楽しんでいたのでした。

その頃からの強い印象で、今も驚くのは、描かれた少女たちのヘアスタイルです。斬新で大胆なそのラインは、今でもそのまま現在のファッションであることです。

映画の世界に入ると、目の回るような日々が始まり、本当の自分とは全く違うイメージが次々とスクリーンに作り出されました。

映画の雑誌の表紙、お洋服や、お着物のモデル等忙しく飛び回っていた矢先、先生から『それいゆ』のモデルにというお話をいただいたのです。『それいゆ』のモデルの少女は目がぱっちりとしていなければ使っていただけないと思い込んでいましたので、飛び上がるように嬉しく思いました。

あれから年月を経た今、先生のセンスの良さ、ファッションのすばらしさは、映画でいえば、小津安二郎先生の作風に通じるような芸術なのではないでしょうか。

パリの香りを私たちに運んでくれた先生。モデルでもないのに度々声をかけて美しいドレスのモデルに使って下さった先生。思い出は尽きません。その思い出の中の先生の作品は、時の流れを超越して、今も脈々と生きているのだと思います。

（俳優）

昭和32年2月号（第43号）

髪

中　原　淳　一

サイドを中に巻きこんで、丁度昔の内巻きの様な髪だが、典型的な耳かくしと違って横にあまり張らせずに何げなくまとめたかんじが技巧的でなくて新しい。前髪もそれに合せて極くプレーンに。若い人のふだんのために
←

人間はどんなに美しいと思ったものでも、そればかり見ていると、そのうちにはだんだんあきてきて、何の感激もおぼえなくなってしまう。

そして自分でも気がつかない間に誰の心の中にも、もっと新鮮なものはないか、とさがしていて知らず知らずのうちに自分で工夫もしているものだ。

ひと頃日本のすみずみまでも、まるで申合せた様に風靡した、あのショートカットがあきられてくると、又申合せた様に誰もが髪を伸ばし始めたのだけれど、さて中途半端に伸びた髪をどんなに形づけたらいいか考えあぐんで、いっその事又切ってしまおうか、と考えている人も大部多いのではないかと考える。

髪はいくら切っても又伸びてくるものだから、切る事も別に大した事ではないと思ってもいいけれど、折角そこまで伸びたのならちよっとまって下さい。この絵の中にでもあなたに似合う髪型は一つ位はないものだろうか。

→
真中でわけた前髪を一うねりさせて、少し耳が見える位に持ってゆきそのまま後で束ねた新しいマダムのための髪。前から見ると丁度短い髪の様。和服にも洋服にも似合うもの

どんなにその髪型が気に入っても、毎月の通学や通勤に手間どる様なものではとても長続きするものではないし、美容院へ行かなければセットが出来ない様なものも、平常の髪には不向だし――それでは『流行』すると云うところまでとてもゆかない。

やっと根までとどく長さに伸びたら、それにヘヤーピースの髷をつけるのには心ひかれる人も多いらしいが、ヘヤーピースを買って来なければならないのではちよっとおっくうだ。

何でも『はやる』と云うものは、人間の生活の邪魔にならないものが選ばれているもので、つまりこれは――新鮮で、ちようど手頃で、便利だ、と云うところで誰でもがそれを好むから、それが街中にあふれて『流行』となってしまうと云う訳。

それはさておき、毎朝鏡に向って手の習慣の様に同じ髪に結いあげず、毎晩床につく前にセットして、朝ブラシで軽く仕上げただけで美しい位の形を工夫して、いつも新鮮なあなたであって下さい。

→
前を出来るだけ高く、それにつれて横も、後もふんわりと大きくまとめる。ブラッシングのゆきとどいた、美しいうねりを持つウエーブが新鮮なかんじ。

158

阪口美奈子

（新劇女優）

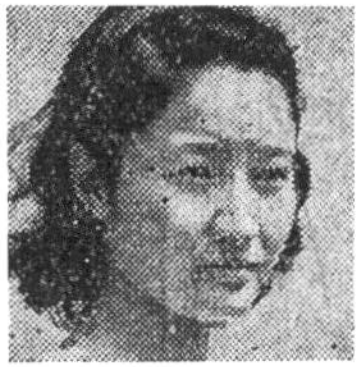

三十一年劇団民芸が、募集した「アンネの日記」のアンネ役に応募して、吉行和子についで第三のアンネとして登場した。初舞台とはいえ、稽古には、最初から熱心に研究を怠らなかつた努力が報われ、翌年、民芸に入団したというラッキーガール。昨年の「法隆寺」では、滝沢修の恋人役タシヒメに抜擢され、その清純な容姿と素直な演技で見事に成功した

佐久間良子

（映画女優）

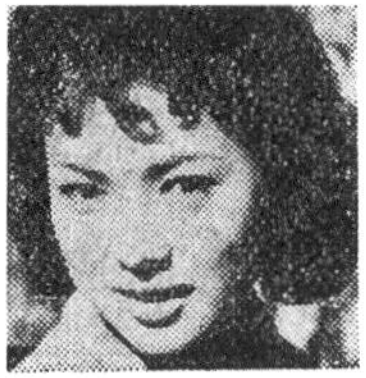

昨年一月にデビューしてから、出演した映画は十四本という。清純な容姿とソフトな雰囲気が、多くのファンを作つてあつという間にスターになつた。「ほんとうは洋裁学校にでも行くつもりだつたのです。でもこのお仕事に入つてからは夢中でこゝまできました」という彼女は、俳優座研究所に半年通つて演技勉強をしたという仕事熱心。昭和十四年生れ。

桜間貞子

（N D T）

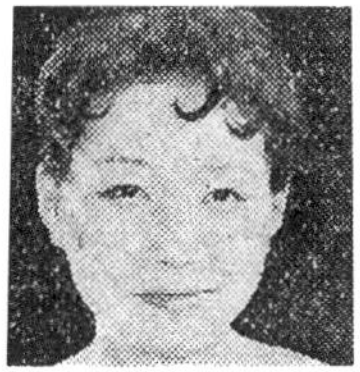

日劇ダンシングチーム十三期生。もつとも新しい星である。まだ、これといつて、代表的な舞台はないが、上級生のなかにまじつてのライン・ダンスなどでも、ひときわすぐれた素質がうかがえる。この世界には珍らしい日本的な静けさをもつたひとである。特に、日舞が得意。昨秋のオーストラリア公演には小林紀子等と共に選ばれて参加した。

五月みどり

（歌謡曲歌手）

三十三年に、歌謡曲歌手としてコロンビア専属となり、明るい日本調「お座敷ロック」でデビュー。ロカビリーが大好き、というだけに、日本調の歌にも今までの日本調とは違つた明るい弾力性が含まれている。KRテレビ「赤胴鈴之助」のレギュラーとしての活躍、昨秋の歌舞伎プロ作品「人情馬鹿噺」なども好評で歌以外の分野でも大いに期待されるホープ

佐藤　允

（映画俳優）

「日本のリチャード・ウイドマーク」という異名がある。個性的なマスクと鋭いまなざし、甘さのないタフガイとして固い人気がある。二十六年俳優座の研究生として「不良少年」でデビュー以来、悪役で大活躍。「マスクだけ売り物にしていたのではだめだから、色々な役にとりくんで演技者として生きたい」と闘志満々。昨年度日本製作者協会新人賞を獲得

里見浩太郎

（映画俳優）

三十三年に全国のど自慢大会静岡地区で予選に合格したのがキツカケとなり、人に薦められて東映ニユーフエイスに応募合格。京都撮影所所属、富士川一夫の芸名で「誉れの陣太鼓」にデビュー。その好演を認められて「天狗街道」で本格的主役を演じた。「歌が唄えるという強みを充分に生かすと時代劇の新しい分野で活躍するだろう」と期待されるホープ

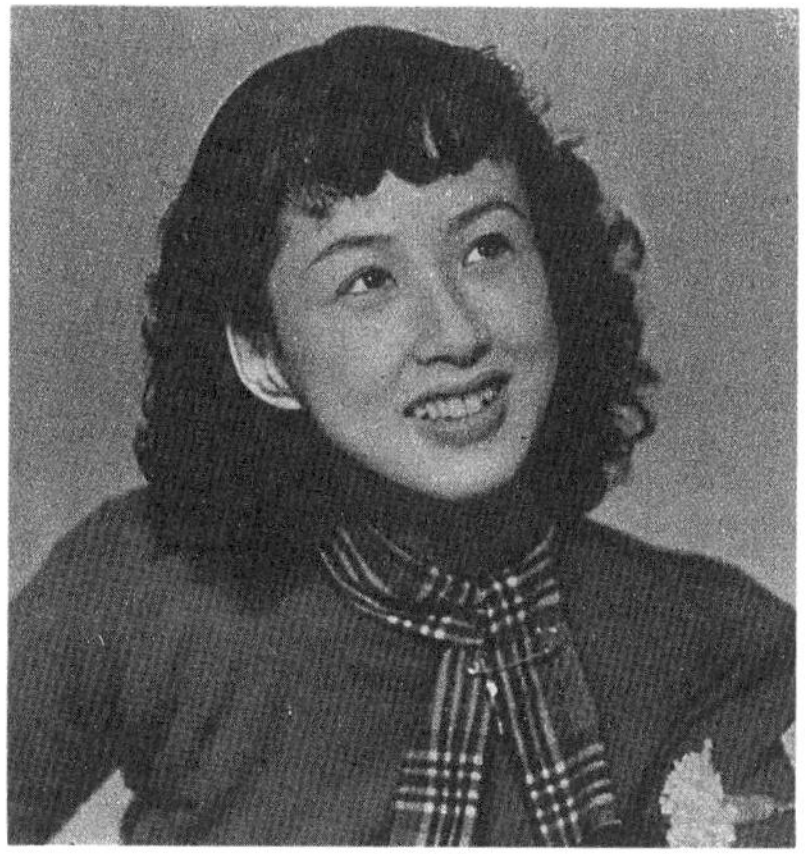

▲八千草薫　昭和27年5月号

▲越路吹雪　昭和26年11月号

▶淡島千景（昭和26年5月号）

▼乙羽信子　昭和28年6月号

創刊当初から、宝塚歌劇出身のスター達も多数誌面に登場。淳一の妻・葦原邦子も度々顔を見せている。

▼有馬稲子　昭和29年11月号

▶葦原邦子　昭和25年8月号

彼はたれ？

有名会社の宣伝部といえば華やかではあるがそれだけ又多忙な毎日でもある。その中にいながら常に若々しい新鮮な態度を失わず清潔な感じを周囲に与えている明るい青年の生活がここにある。ここに紹介する彼の生活には、落ちついた明るい雰囲気と近代的な清潔感がその周囲ににじみ出ているのは、彼のこれまで生いたつた環境の育ちの良さによるものだろうか、秀でた知性は彼の仕事を伸びやかにするものだし、和やかな家庭の雰囲気は一層彼の生活を楽しく意義深いものにしているようだ。多忙な生甲斐のある仕事と、反面、自分の明るい健康な世界を楽しんでいる、彼の生活を両面に互つて、以下写真で追つてみよう。

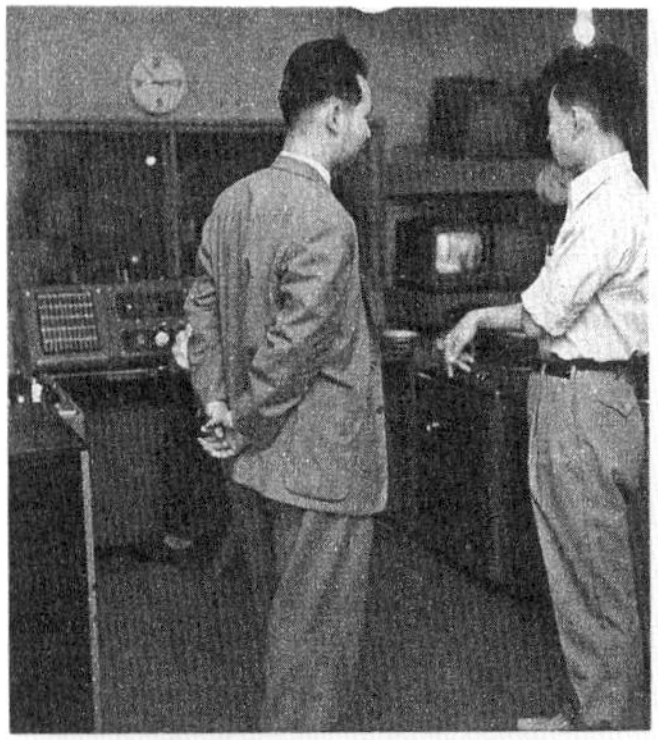

彼の作つた広告の文章は、ラジオやテレビの番組の中で、柔い声に乗つて流されて行く。試聴のためテレビ局のスタジオでテストに立会う。その表現の効果が気になる一瞬である。

彼の仕事はコピーライター COPY WRITERつまり広告の文案家であるわけだ。

電波にのつて流されるラジオ・テレビの各商社の宣伝合戦は毎日激しさを加え、新聞雑誌に掲載される広告のスペースは驚くばかりの派手さである。そのスタイルは社によつていろいろあるだろうが、中には聞いていて楽しくなるような柔かい耳ざわりのよい流暢なことばや、商品の持味をうまく生かした美しい表現の宣伝文がよく見られるものだ。

ここに紹介する彼は、家庭用品の老舗として広く知られているライオン歯磨の宣伝部でこのような広告文のために毎日そのペンに彼の生命を打込んでいるのである。

すべて〝宣伝の世の中〟といわれる今日、マスコミの復雑な機構の中で活躍している彼の担つているその役割は非常に重要な地位を占めているわけであるが、「宣伝にかけられる尨大な金額から割り出せば、コピーライターの一語一句が何千、何万円に値するというのだから、一語だつておろそかに出来ない苦しみがある」と言うのが彼の述懐である。冗慢な文章を無駄のないギリギリの線まで縮め尚十分言い尽し得る短文にする苦心は、十七字にすべてをかけるあの俳句の表現技術も遠く及ばないだろう……というのだ。

鋭敏な頭悩と、洗練された感覚、文章はもちろん、優れた洞察力など、その資質は限りないものがあるけれど、彼に寄せられる会社の期待はこのような意味で大きなものがある

仕事としては一見華やかな脚光を浴びていながら、その内容については随分と地味なものもあるが、ペン一本にかけた創造のよろこびと、苦心の成果が混り合つて彼の毎日を意義あるものにしているようだ。

226

新聞、雑誌など眼で見る広告には製版屋での校正の仕事がある。全体の体裁を整え、誤植のなおしをしたり、毎朝の新聞の下段に読者の注目を集めるまでには大変な労作がある

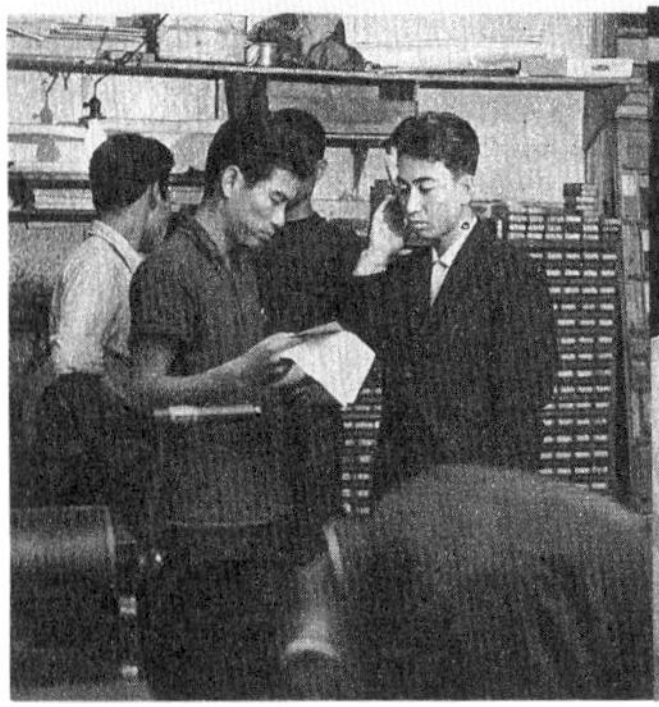

宣伝部にて真剣な仕事の一コマ。新聞広告に原稿を書きこむ。ここまでくればホッとするのだが、たつた二、三行の文章とはいつても、納得のゆくものに仕上げるまでの苦心は並み大抵のものではないという。

昭和32年10月号（第47号）

中原淳一が著名人ばかりでなく一般の若者に目を向けた連載が「彼はたれ？」。商社マン、カメラマン、医師、弁護士、服飾メーカーや鉱山の会社に勤めるサラリーマン等、様々な職業に就いて間もない青年の仕事ぶりを写真で紹介し、最後に彼の姓名を明かすというもの。昭和29年の第31号から33号、43号から61号まで続いた人気のページ。

ひまわり社は愛読者の組織「ひまわり会」を結成、「それいゆ」第2号誌上から会員募集を始めた。会員には投稿冊子「ひまわり通信」が送られ、定期的に講習会や音楽会、運動会、淳一のファッションショー、愛読者大会などが開催された。組織は全国に広まり、昭和33年には会員数一万人以上を数えていた。また、昭和30年代にはデパートで「それいゆ展」を開催、誌上で発表されたドレスや暮らしのアイデアを展示し、人気を博した。

HIMAWARI

ひまわり会に入会を希望される方へ

ひまわり会は「気高く　強く　美しく」という"ひまわり"の花言葉で結ばれた若い世代の生活を愉しく豊にするための集いです。「ジュニアそれいゆ」「それいゆ」の愛読者の方ならどなたでも入会することが出来ます。会員の方に毎月一回「ひまわり新聞」をお送りするほか、ひまわり会の主催するいろいろな催し（お茶の会、ファッションショウ、試写会等）があります。

入会を希望される方は入会金と会費（1年又は半年分）を添え東京都中央区銀座東八の四　ひまわり社内　ひまわり会宛　お申込下さい。折返し会員証及び記念品をお送りします。

入会金　30円
会費　1年　120円　半年　60円

――ひまわり会代理部――

昭和32年4月号（第44号）

ひまわり会ニュース

ひまわり会創立三周年記念
愛読者大会
五月三日　於 東京・千代田区公会堂

千代田区公会堂全景

前号ひまわり会臨時ニュースでお知らせいたしました。ひまわり会創立三周年記念"東京大会"は愈々来る5月3日（憲法記念日）に千代田区公会堂に於て開催されることになりました。

この大会に対し、沢山の会員のみなさまから、出演御希望のおはがきをいただき、係一同どの様に割りふりをしたら、一番皆様に喜んでいただける会にすることが出来るだろうと大変頭を悩ましてしまいました。その結果、今回は時間の都合で、会員のみなさまの出演け、演劇グループ"つぼみ"以外は割愛させていただくことになりました。出演を希望された多くの方々には大変申訳けなく紙上を借りて深くお詫び申上げます。

会員のみなさまが一堂に会してお馴染深い先生方やジュニアスターの方々を囲んで楽しく遊び、会員間の親睦をはかる、そんな明るくて、しやれた会にしたいと思います。参加御希望の方は本誌（それいゆNo.44）持参の上、当日会場へ御越し下さい。満員の際はお断りすることもありますから、その点あらかじめ御承知下さい。

尚当日参加の方には各社より提供の"洋服地""化粧品""アクセサリー""人形""スカーフ""ブラウス"などを抽せんで差上げる予定になっておりますから、ふるつて御参加下さい。

☆日　5月3日
☆時　午後一時・五時（二回）
☆会場　千代田区公会堂
☆会費　無料

プログラム
（昼・夜共）
第一部　「紫苑の園」　演劇グループ"つぼみ"
第二部　先生とスタアをかこんで
第三部　サイン・アワー
第四部　中原淳一　フアツシヨン・シヨウ
以上

演劇グループ"つぼみ"のお知らせ

○皆様の演劇グループ"つぼみ"は昨年十一月再発足以来着実に一歩一歩前進しております。
○劇の指導者は徳田浩子さん、グループのリーダーは岩崎アヤノさんです。
○現在約二百名のメンバーです。
○五月のひまわり大会で、発表する『紫苑の園』二幕五場のスタッフやキャストも決定、稽古に励んでおります。
○グループの方達全員から二カ月百円の特別会費をいただくことになっておりますので御協力下さい。
○グループに新しくお入りになりたい方は杉並区上高井戸一の二一一岩崎アヤノまでお申し込み下さい。

▼千代田区公会堂略図▲

230

暮しのセンスとそれいゆ展

アップリケなんて面倒臭い、それに図案が苦手だという方がいらつしやるかもしれませんが、瓶の蓋でサクランボ、コーヒー茶碗でリンゴが出来るのです。美しい色の生地を四角に切つて配色よく並べてみても素敵なものです。テーブルセンターかカーテンにしてみて下さい。

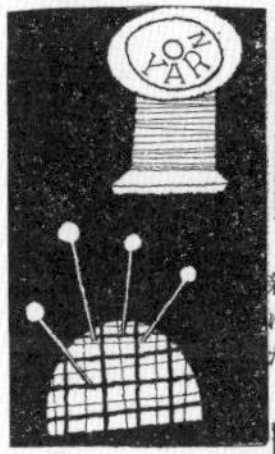

棚は不必要にあまり多く作ると、空箱や古新聞のためのものになつてしまいます。本当に合理的な棚、そしてこんなところにはこんな棚を、ということを考えてみました。

三・五ヤールの生地も無計画なデザインを選べば、それでその生地の生涯は終りだけれど、まず始めに切り込みの殆んどない着物を作つて愉しみ、次にシンプルなデザインのドレスに作り替え、又その次に少し凝つたデザインに直し、又その次は小さい人たちのものを作るようにすれば、七変化位は難かしいことではないんですが

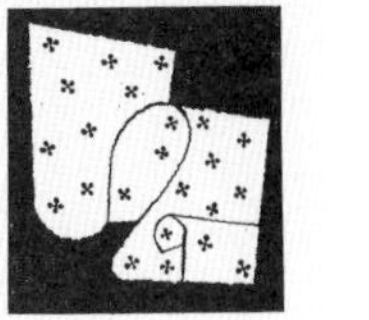

と　き：11月21日～26日
ところ：有楽町・そごう

共催
森永製菓株式会社
株式会社ひまわり社

協賛
ラジオ東京テレビ
電通ラジオテレビ局

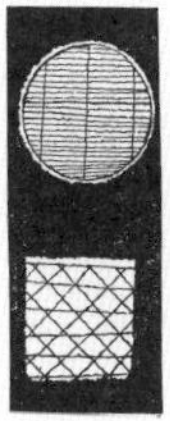

ざるの美しさ、素朴な味を私達は忘れているようです。かえつて外国人が認めてくれ住居にとり入れています。もう一度見直してみたいものです

なんとなく買つたり、注文したりしていますけれど、スカートを本当に上手にはいている人は少ないようです。ちよつとしたこと、ほんのちよつとしたことで、ぐつとスマートになるコツがあるんですが。

雑巾は汚ないところを拭くものだから、浴衣の古いのを何枚か重ねてとじればいいという考え方が、生活に夢をなくすのです。

美しい雑巾を考えてみて下さい。

一つのドレスを何枚も持つているように見せようなどという浅ましい考えではないのです。ちよつとした工夫で、毎日を新鮮な気分でくらして欲しいという考えからなのです。セーラーの古いのが、何十種にも着られるのです。

257

256

昭和32年10月号（第47号）

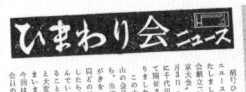

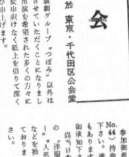

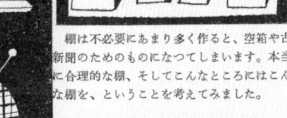

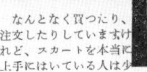

形式はいつの場合にも必要があって生れた

中原淳一

なにごとによらず、今日の私たちの生活の中に習慣として残っているものには、それがいかに形式にすぎないことのようにみえても、それなりの意味があるものだ。本当に役に立たないものだったら自然に陶汰されてくるし、永い間のくらしの中で今日まで受けつがれてくるはずはない。

一番身近な服装のことについて考えても同じことがいえると思う。そのもともとの意味をさぐろうとせず「形式的なものは無駄だ。」と決めつけるのは早計ではなかろうか。

戦争中〝贅沢は敵だ〟と呼ばれていたころ、和服の無駄が槍玉にあがってうるさい攻撃の的になったことがある。たしかに長い袂やお端折《はしより》、深い縫代などは必要のないもののように思える。しかし本当の無駄とは何であろうか。

洋服のようにデザインによって必要なだけの用布を買って仕立るのと違い、和服地が一反という単位で売られていて、あのような仕立てになっているのは、それなりの理由があるのだ。

シーズンごとに目まぐるしく流行が変る洋服はいわば消耗品だが、和服は女の人がたからもののように大切にし、一つのきものをくり返し仕立て直して、愛情をもっていつまでも着たものだ。長着を羽織に、羽織から長着にしたり、縫代を深くしておいて少しずつ傷《いた》んだところをずらしたり、いろいろと使い廻しが出来るようにと、あゝいう用布の裁ち方、仕立て方が生れて来たのだ。それは実際のくらしの中から生れた智恵であって、長い年月をへてこまかく配慮された形式で、決して偶然にひよっこり昨日今日に生れたものではない。また今後も時代や生活のうつり変りとともに、具合のわるいものは改め、捨てられ、また新しい形式が生れてくることであろう。

今日なお形式として残っているものは、改める必要がないか改めるとかえって不便になるとか、或いはあっても邪魔にならないものかのいずれかであり、目先のことだけにとらわれて、改良したつもりのものが、逆に不自由になった例もたくさんある。

一見飾りのようにみえて、ちゃんと理由のあるものをいくつかあげて一しょに考えてみたいと思う。

きものの衿を合せて、ドから半衿をのぞかせているのは、衿元にアクセントをつけるための形式ではなくきものの衿を汚さないための必要からきたもの　だから半衿をみせないで素肌にすっと着るには、それだけきものが汚れる覚悟が必要

男のひとが誰もかれもセビロのドにワイシャツを着ているのは、それも必要からきたもので、単なる飾りではない　つめ衿の服には裏にセルロイドのカラーがついているように衿がじかに汚れないためにワイシャツを着るので、もしワイシャツを着なければ、毎日とりかえなければ汚れが目立つはどのあのワイシャツの汚れが、全部背広にしみるわけだ。

あわせのきものは〝ふき〟といって袖口布が少しはみ出している。これも袖口に別色でふちどってアクセントにしたものではなく、袖口が直接切れたり汚れたりしないために裏地の方を少し出しているわけなのだ
もしこうなっていなかったら、一度切れた袖口はもうそのまゝで、どうにもならない。きものをいつまでも美しく、いためないように着ようとした女の心が、きものを大事に着るために考えだした形式なのである

ワイシャツのカフスが背広の袖口より少し出ているのも、上にのべたきものの袖ぶきの場合と同じで背広の袖口がいたむのを防ぐためである。もしワイシャツを着なかったら、一シーズンどころか、暑い日などは一日日か二日で垢《あか》と汗がしみてしまう。

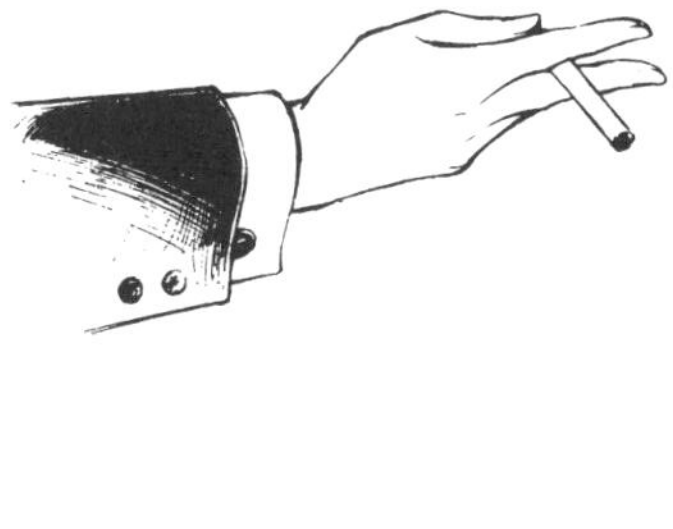

きもののすそには、裾ぶきといって、美しい色の裾廻しが少しはみ出ている これは裾が傷むのをよける目的を装飾を兼ねて扱ったもので、江戸時代から明治の初めまではこの巾も厚く或る時代には、六、七センチにもして美しさを誇ったものだ

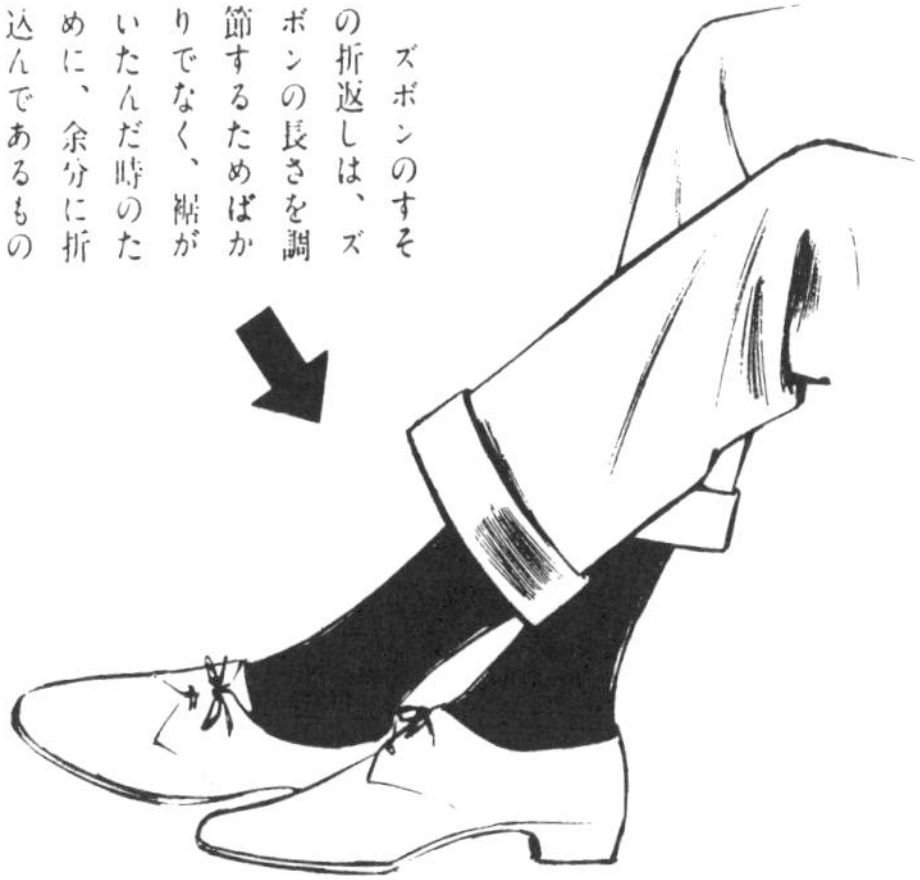

ズボンのすその折返しは、ズボンの長さを調節するためばかりでなく、裾がいたんだ時のために、余分に折込んであるもの

たとえば三つ重ねのタンスなどは、戦前なら嫁入道具として欠くことの出来ないものだったが、最近の若い夫婦は三つ重ねのタンスを持っていないことが多く、それが別段はずかしいことでもない。それでは三つ重ねのタンスは形式にすぎなかったかというとそうではない。和服というものは一つのきものが十年先までも着られるので、一年に二着こしらえたとしても十年たてば二十着たまることになり、また、今すぐ着なくても十年、二十年先に着られるものを用意しておくことが出来るので、どうしてもそのきものをしまっておくタンスが必要であった。ところが流行のある洋服では一、二年ごとに着すててしまって、つまりたえず新陳代謝が行われているため、数がたまってしまうという事がない。十年先の洋服を用意する必要も、五年前のドレスを着ることもない洋服の生活が、三つ重ねのタンスという形式をすて、洋服タンスや整理タンスがこれに代った。

昭和34年4月号（第56号）

■第六章　病魔との闘い

昭和三十年代に入り、新しいメディアであるテレビにまで仕事のジャンルが広がっていた淳一の毎日は、睡眠時間が多くても二、三時間という超過密なものとなっていました。

　ついに無理がたたり、昭和三十二年、自宅で仕事中に過労で倒れた淳一は、その時は一ヶ月の安静で仕事に復帰したものの、翌年、代々木八幡に自宅を新築した直後に心筋梗塞に見舞われます。半年の入院中も病室でできる仕事を続け、また多忙な生活に戻ると、翌昭和三十四年、今度は脳溢血で倒れ、再入院。退院して自宅で静養していた昭和三十五年夏に再度心臓発作を起こし、医師から仕事を禁じられ、五年間の安静を言い渡されたのです。

　号を追うごとに淳一の執筆ページが減り、六十二号から季刊に戻っていた「それいゆ」は主を失い、第六十三号を最後にやむなく幕を閉じることになりました。

　終わり方は不本意な形であったにせよ、十三年間、六十三冊を数えた「それいゆ」は淳一の雑誌の中でもっとも長く続いたものであり、淳一の仕事の原点といえるものです。そしてその歴史は、そのまま戦後の女性史を、文化史を物語っているといえるでしょう。

お詫び　本号（それいゆ No. 45）編集中、はからずも中原淳一先生が過労のために発病され、医師より向こう一ケ月間絶対安静の診断を受けられるに至りました。したがつて本号に限りやむをえず「それいゆ・ぱたーん」、「スタイル画をかきたい人へ」連載第二回、「デザイン研究」などを休載させて頂きました事を深くお詫び申上げます。

和32年６月号（第45号）

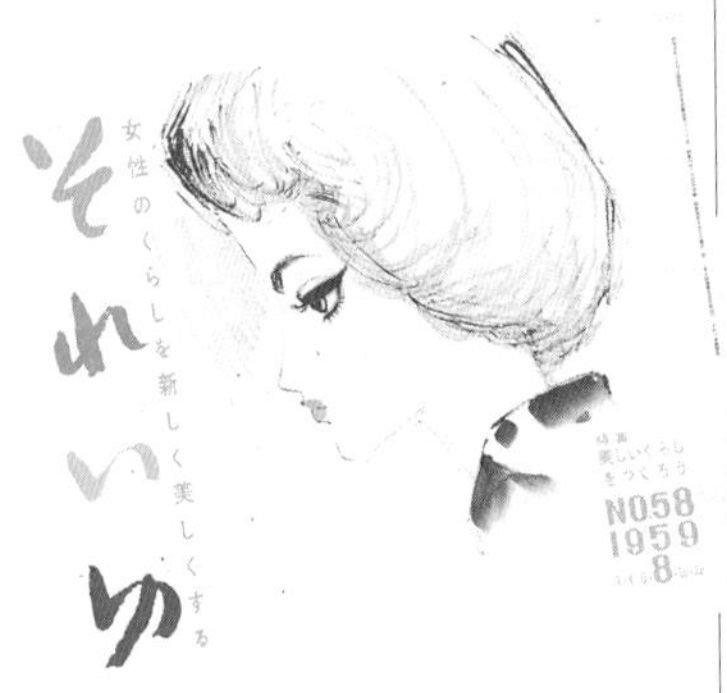

編　集　後　記

中原淳一・田村見本谷野
吉生子枝霞子
寛利照道玲
疋根増橋塩河

　今号の表紙を店頭でご覧になつて、すぐにお気づきになられた方も少くないかと思いますが、これは、いつもの表紙のように、今号の表紙として中原先生が書き下された作品ではありません。

　先号から体裁を一新した、ファッション・ストーリーの第二回目、「秋近く」の何回目かの撮影を終えて、編集部でひきつゞき、今号のプラン検討を行つている中に、先生はどうも身体の調子がおかしいと言い出され、医師の診断を受けて、そのまゝ入院、目下静養されているのですが、原因は日頃の過労と、この五十年ぶりとか言われている猛暑によるもので、今号の執筆は一切中止せざるをえないことになりました。

　ほかのものはとにかく表紙だけは、と病臥中の先生も大変気にされ、ベットのシーツにこんな構図でと、いろいろ指先で描きかけたりするのを、そばで見ているのは、いかにもつらくてなりませんでした。そんなふうですからこっそり画用紙を持ち込んでくれさえすれば、なんとか表紙を書いてみるんだが……　と先生は言われたのですが、絵筆を持つことを医師から厳禁されている状態になつてまで、先生に仕事をしていただくのはとても情においてしのびませんでしたので本当にお願いするようにして今号の執筆を断念していただきました。そこでやむをえず、今回はHさん所蔵の先生の絵を拝借、表紙とした次第です。したがつて、「それいゆ・ぱたーん」「悪妻物語」も、今号は休載といたしました。あしからず御諒承いたゞけますよう、誌上を借りて謹しんで御願い申し上げます。

昭和34年8月号（第58号）

昭和34年10月号（第59号）

編集後記

中原淳一
・
迠田寛吉
根村利生
増見照子
橋本道枝
塩谷霞
河野玲子

本号の表紙は、今度の入院後に発表される中原先生の第一作です。絵筆を持つことは、まだ医師から禁じられておりますので、ベッドの上で、マジック・インクで書かれたものです。久々に書かれた絵で、絵に力がみち美しい流動感があふれていて、ちよつと他に類のない斬新な効果の表紙になりました。皆様のご期待におこたえ出来たと信じます。

さて、大変ご心配をおかけいたしましたが、おかげさまで中原先生のご病気のその後の経過はきわめて順調、着々快方に向い、目下、自宅で静養されています。先号の後記をごらんになつた方々から、代々木の自宅にも編集部宛にも、連日のようにお見舞のおたよりをいたゞき、心から厚く御礼申し上げます。他誌とは違つた読者の皆さまとの深い結びつきが思われ、有難さが身にしみたことでした。

退院されても当分はほとんど執筆禁止に近い状態ですので「それいゆ・ぱたーん」「悪妻物語」など、今号も休載させていたゞきます。

「こんなにゆつくりものを考えられることなんて、仕事をするようになつて以来のことですヨ」といわれる中原先生は、病臥中いろいろ想をねつておられますから、近い将来にきつと素晴しい新しい仕事を見ていたゞくことになると思いますどうぞ、今しばらくご辛抱下さるようお願い申しあげます。

新しい繃帯
諫川正臣

海の見える丘に来て
新しい繃帯を巻こう

さわやかな風が傷口を吹いて快よい
ここにはいつも風が吹く

いまようやく癒えようとしているこの傷
わたしのなかの　ふかいふかいあたりを蝕ばんで
しつこく膿んでかたまることのなかったこの傷

もう何年わたしは汚れた繃帯を巻きつづけてきたことだろう
誇りや願いのかずかずを何んと多く失ったことか
人をさけ暗いところをうつむくように歩いて

ああ　でも　いま
この傷はようやく癒えようとしている

かがやく太陽と青いうねりのこの季節
よごれた繃帯はほどいて捨て
いま新しい繃帯を巻く

明るい光のなかでそれは純白の花のようにまぶしく輝き
わたしはゆっくりと海に向って歩いていこう

新しい繃帯　昭和34年6月号（第57号）　淳一のイラストが「それいゆ」に掲載されたのはこの号が最後となった。

美による救世

美輪　明宏

今こそ、中原淳一氏の美意識が必要とされる時代なのである。機能本位で無機質な建造物や家具調度品、神経を逆撫でし、いらつかせる低俗でヒステリックな音楽や歌詞、痛みやつれた怨霊の如きカットの髪型、エレガンスのかけらもない思いつきだけの薄らバカがうろついている如きファッション、敬語も謙譲語も話せずタメ口ばかりで漢字も読めぬ人間の形をした猛々しい色情と物欲だけの生き物共、レコードも書籍も映画もTV番組もスポーツも物造りも全て価値基準となるのは質ではなく量である。売り上げ高、動員数、何もかも金々々、数字が王者なのである。内容があろうとなかろうと質が悪かろうといい加減であろうと構わないのである。金々々、金が仇の世の中とはよく云ったものである。正に現代は金が仇の世の中で、その為に人々の精神の荒廃は酸鼻の限りである。この悲惨なる世の人々を救う術は唯一つ美意識のみであり他にはない。ロマンチシズム、リリシズム、メランコリック、良質のセンチメンタリズム、洒落、洒脱、粋、ユーモア、意地っ張り、武士は食わねど高楊枝の心意気、気品、柔和、優雅、思いやりと暖かさ、洗練と野趣、はじらい、奥床しさ、たしなみ、勇気と侠気等々、これ等様々な美しさの種族が集結し、力を発揮したならば此の忌わしい現し世も即天国となるのである。そしてそれ等の旗頭となる御大が我が天才、中原淳一なのである。負け戦後の婦女子を守護したのが、〝ひまわり〟であり〝それいゆ〟であった。乏しい物を活用しつつ住まいづくりから身づくろい、破れた心情迄も美しく楽しく生きて行く術を人々に指し示したのであった。氏の江古田の住まいは正にその美の守護人に相応しく正に詩人の血で造られたアンニュイでメランコリックな空間であった。あの何やらやる瀬なく暖かい家造り空間の創造力こそが今の世界中に必要不可欠なものなのである。日本中の空港や駅、歩道橋や街灯、劇場もオフィスビルも公共施設のすべてを中原氏の美意識にゆだねて、デザインし、氏の卓越した色彩感覚で豊かなる色で装飾し直したならば、どれ程この日本中が美しく楽しく安らぎ平和な国になる事であろうかと常々私は断腸の思いにたえないでいるのである。中原淳一氏も東郷青児氏も三島由紀夫氏も寺山修司氏も澁澤龍彦氏も耽美派の友人知人の早逝がほとほと恨めしい此頃である。此度中原淳一氏の記念館がやっと竣工の目出度きを迎えると云う事は、以上縷々述べて来た理由にて真に慶賀の至り極まる思い、感慨一入である。願わくば心ある人なき人の区別なく世界中の人々に来館して頂き世直しの震源地となって欲しいと祈るものである。

（歌手）

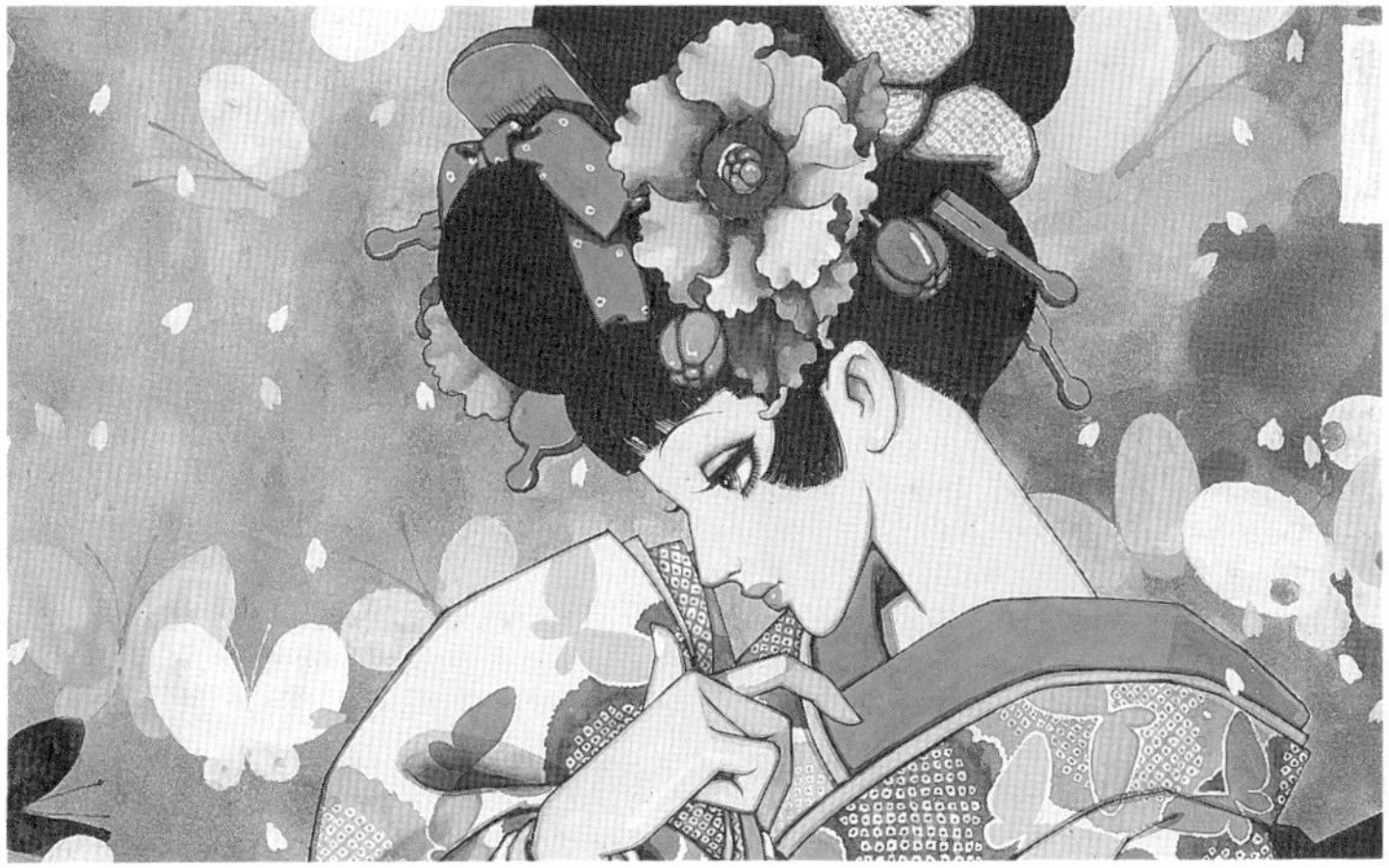

中原淳一の絶筆となった「蝶々夫人」（昭和46年）。「それいゆ」廃刊の後、淳一は10年間の療養生活を送り、その後雑誌「女の部屋」を創刊するが、再び病に倒れ、仕事を断念。闘病生活の後、昭和58年70歳で世を去った。

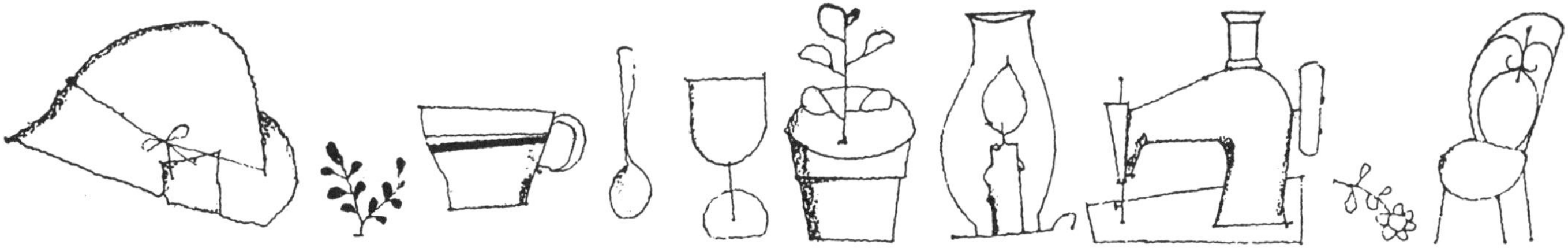

それいゆ
総目次

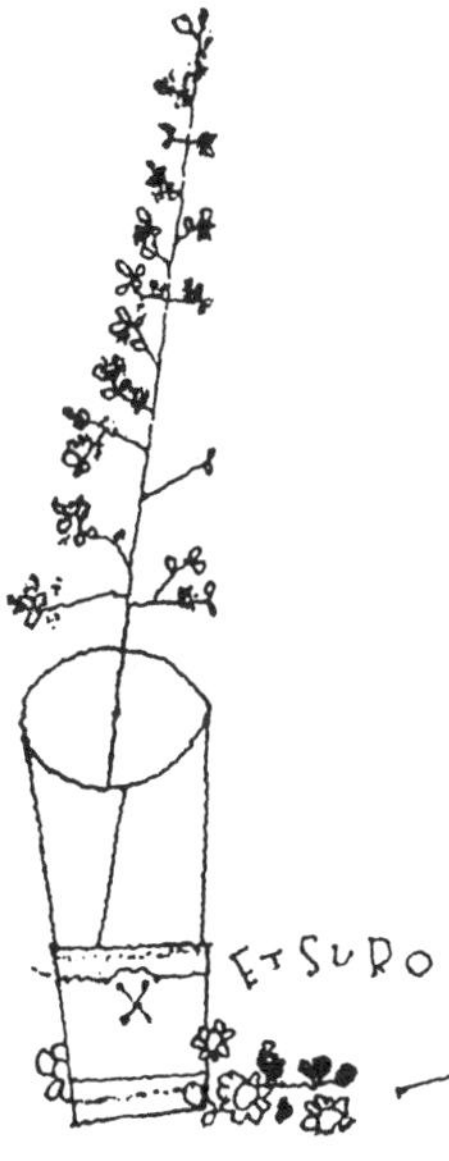

1946年8月号　No.1

「夏」

表紙・カット　木部　清
写　真　福田勝治
松島　進

ソレイユ特写
高峰秀子・大谷冽子・中里恒子・貝谷八百子
諏訪根自子・三岸節子・花柳寿美

美術のファン　木下　孝則
歌劇雑話　坂本　良晴
私の道　杉村　春子
幸枝　黒沢　明
創作のいけばな　勅使河原蒼風
森の中で（詩）　春山　行夫
造形作家に贈る　今　和次郎
気品と確信を持って立つ　石田　あや
きものの夢　花柳章太郎
きものをデザインする　中原　淳一
ゆかたの新しい使い方　伊東　茂平
一〇〇パーセントの効果を出す
デザインの選び方　桑沢　洋子
夏のため
ソレイユ・パタン　田中千代・中原淳一
新しい生活の家試案　塩川　旭
髪とお化粧　マヤ・片岡
あそび着
細川ちか子さんの衣裳調べ
三浦環先生を悼う　菅　美沙緒
美しく清らかに　田久　静子
ヨーロッパの一隅より　マダム・神田
お菓子と料理　村上　二郎
ギニョールの作り方　大寺　三平
ブラウス
ネクタイとはパズルに非ず
お嬢さんの為の夏の服　中原　淳一
青春大騒動　杉浦　幸雄
フォトキーズ
ソレイユ懸賞
橘薫・灰田勝彦論　蘆原　英了
手袋を作りましょう　柴田　竹子
髪
このごろ　小夜福子・水の江瀧子
葦原邦子・美空暁子

1946年12月号　No.2

「秋」

表　紙　藤田嗣治
カット　木部　清・鈴木一郎
写　真　松島　進

ソレイユ特写
高杉妙子・吾妻徳穂・原智恵子・山口淑子
笠置シヅ子・真杉静江・仲田菊代・北沢栄

文学について　深尾須磨子
ショウ・イズ・オン　宇津　秀男
カルメンの想い出　四家　文子
傑作を見る　中村　研一
ひとつの読書論　村岡　花子
詩　銀の逸矢　竹内てるよ
個人の完成ということ　中野　好夫
南瓜の花　高田　保
花柳寿美さん・秋の衣裳調べ
秋の装いとその教養　多久　静子
ジャケット　田中　千代
和服地で初秋の服を　中原　淳一
色　——絵と文　岩田専太郎
きものの夢——えりと帯　花柳章太郎
あなたの秋の為に　中原　淳一
夢のようなお料理　福島　慶子
私の香水　久米　艶子
髪に夢を盛る　片山　龍二
これからのお化粧　若見　四郎
NEA特信　BEAUTIES HINTS

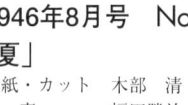

ソレイユ・パタン　中原　淳一
新しい帽子
帽子を作りましょう　片山　龍二
ジャケットのコツ　田中　千代
靴
下着　近藤百合子
漫画　青春大騒動　杉浦　幸雄
テーブル・エチケット
多彩なお召物・竹久千恵子さん訪問
女の画家　マリイ・ロオランサン
小説　はたち　芝木　好子　三岸節子画
一週間を楽しく
どうしたら貴女は美しく撮れるでしょう
幾山河（楽譜）　鈴木　次男
絢爛たる夫妻（藤原義江・飯田信夫・北原武夫）
ソレイユ懸賞
編集後記

ソレイユ
3

1947年2月号　No.3

表　紙　中原淳一
カット　藤好鶴之助
写　真　土門　拳・早田雄二

晴着（ソレイユ特写）
花井蘭子・中村笑子・西崎緑・藤川栄子
松田トシ・芝木好子・森赫子・安川加寿子
小説の読み方　河盛　好蔵
塀のない町　森田　たま
色彩について　三岸　節子
フランスのシャンソン　佐藤　美子
映画の鑑画　大黒東洋士
新しい幸福　神近　市子
アメリカ婦人の生活
花の髪・リボンの髪　中原　淳一

詩　樹氷たち　他一編　北川　冬彦
半生を語る　山本　安英
きもの詩——絵と文　高沢　圭一
衣裳調べ・加藤佳津子さん
オーケストラの話　橋本　国彦
コーヒーの話　北村　小松
手芸　中原　淳一　細川　通
マフラー
ソックス
お人形
手袋
きものの夢　花柳章太郎　案　田中　千代　絵　中原　淳一
ソレイユ・パタン
居間とファイア・プレース　塩川　旭
冬のお料理　黒田　初子
オーヴァー　中原　淳一
フードとハンドバッグ
新しい袖型　近藤百合子
漫画　青春大騒動　杉浦　幸雄
花のデュエット　坪内泰子さん　井上久子さん
創作　かがみ　真杉　静枝　松野一夫　画
アンナ・パヴロワ　蘆原　英了
きもの対談　水戸　光子　中原　淳一
宝石の話
ソレイユの懸賞
編集後記

1947年5月号　No.4

表紙　長沢節
カット　藤好鶴之助・木村佳光
写真　松島進・山本静夫
　　　石井彰

新人
（特写）
笹田和子（藤原義江）　池部良（大黒東洋士）
尾上松緑（河竹繁俊）　菅文代（杉浦春子）
松山玲子（蘆原英了）　北畠八穂（林芙美子）
朝倉姉妹（中村研二）　梶原完（大田黒元雄）
男女共学について　古谷綱武
ソックスとサドルシューズ　亀倉雄策
アメリカ女学生の服装
若草の髪　中原淳一
制服を脱いだひと達のために　谷長二
（洋服の基本的な着方）
花によせる——服の抒情詩
女の部屋　村岡花子さん・桑沢洋子さん・貝谷八百子さん・深尾須磨子さん
夕ぐれの時はよい時——現代詩鑑賞　三好達治
舞台装置の話　伊藤熹朔
ドガの美神たち　大久保泰
匂える蝶のように——三浦光子さんを訪ねて
詩　屋根の上と下　竹中郁
描かぬ画家　藤原あき
きもののことども　田中千代
創作　囚われの女　南川潤　高沢圭一画
ソレイユ・パタン　中原淳一
料理とお菓子　黒田初子
家の中へ庭を入れよう　三苫正光
つぎはぎの服　中原淳一
カラーを工夫しましょう　細川通
衣裳調べ・プリマドンナ　三上孝子さん
化粧
ロマンチックな化粧　芝山みよか
マニキュアの讃　マヤ片岡
Dressに使われる手芸　細川通
きもののはなし（鼎談）　花柳章太郎・高峰三枝子・中原淳一
ソレイユの懸賞
編集後記

女の秋

1947年9月号　No.5

特集・女の秋

表紙　岩田専太郎
カット　藤好鶴之助・鈴木悦郎
写真　土門拳・三木淳
　　　石井彰・東正治

秋の海辺で　西條八十
三つの秋
秋のパタン　中原淳一
おけいこごと雑感　村岡花子
愉しく新しく（お花・お茶）
夢二のことども　中原淳一
たなのある居間　塩川旭
美神をとらえる　岩田専太郎
あきの髪　中原淳一
私のきもの
山根寿子・美川きよ・柴田早苗
真杉静枝・木暮実千代・藤原あき
空の青さに染まりつつ（高峰秀子さん訪問）
ベレー　中原淳一
山の娘（楽譜）　作詞　原阿佐緒　作曲　越谷達之助
秋の家庭着　桑沢洋子　絵　高沢圭一
ハンカチはだれにも作れます　藤田桜
きものの柄

ジャボ（胸飾り）　細川　通
若いひとの手帖から
かどで
　母より娘へ　横山美智子・横山百合子
　兄より妹へ　田辺正晴・橘かほる
きもの物語　中原　淳一
秋のピクニック弁当　黒田　初子
十九歳の対話　北畠　八穂
　絵　高井　貞二

SOLEIL
花の小筺

1948年3月号　No.6

「花の小筺」

表　紙　宮本三郎
カット　鈴木悦郎・北　陽平
写　真　東　正治・佐伯啓三郎

祝ぎうた　深尾須磨子
銀の花束（新しい花嫁衣裳）
それいゆ・ぱたん　中原　淳一
首途に贈る書　氏家　寿子
洋装の花嫁
　衣裳　近藤百合子
　化粧　山野　愛子
アップリケのある鏡掛　細川　通
ふたりきりの家　花森　安治
お下げの変化　中原　淳一
衣裳調べ（歌姫菅美沙緒さん）
田中千代さんの素描　中原　淳一
新しいシルエットを創る　中原　淳一
結婚の話
　アメリカの結婚　石田　アヤ
　フランスの結婚　福島　慶子
ルノアールの楽園　大久保　泰
一葉考　持丸　良雄
若いひとの手帖から（2）
ブラウスを着る楽しさ　中原　淳一
私の作った服（舞踊家針田陽子さん）
三つの青い花（アメリカン・ファッション）
私の好きな人
　大谷洌子（井川邦子）・高見順（船山馨）・松隈陽子（天田一枝）
　入江たか子（田坂具隆）・森雅之（滝沢修）
　淡谷のり子（橘薫）
早春の空の魅力をもつスェーター　上井　加代
オーバーとズボン　田中　千代
結婚の支度　中原　淳一
婚礼の日のために　黒田　初子
田中絹代さんへ　木下　恵介

ソレイユ

1948年7月号　No.7

特集・生活の工夫

表　紙　宮本三郎
カット　鈴木悦郎
写　真　東　正治

生活の工夫　中原　淳一
工夫するこころ　羽仁　説子
それいゆ・ぱたん　中原　淳一
私の備忘録から　中原　淳一
　伸びてほしい若原雅夫君
　新しい道を拓いた勅使河原蒼風さん
　一番好きな女優杉村春子さん
　轟夕起子さんに期待をかける
　編集長になった蘆原英了さん
　清楚な花夏川静枝さん
　身近な人杉浦幸雄さん
アップリケで作る壁掛　藤田　桜
ふるさと白秋　北畠　八穂
若い女性の日常語　古谷　綱武
洗濯の話　戸野村　操
　稲葉　亨
ブラウスとジャケット　藤田　桜
ミューズの娘たち　朝倉攝子さん・衿子さん
三つのスーツ（ハリウッドのファッション）
台所に居間を持とう　塩川　旭

子供のきもの　中原淳一
部屋を美しくするすこしの工夫　花森安治
同じワンピースを色々に着る工夫　田中千代
華麗な髪　中原淳一
ちる花の日に（詩）　河合幸男
山名文夫画
きもの　中原淳一
手軽に作れるお菓子　村上二郎
花の如く甦える
構成　中原淳一
モデル　牧美沙
製作　鬼山貴久
遊び着
個性美に生きる木暮実千代さん
夏の髪五題　山野愛子
タンゴの話　蘆原英了
私はこんな部屋に住む
押入の利用　今和次郎

1948年11月号　No.8

特集・働く人のために

表　紙　木下孝則
カット　長澤　節・鈴木悦郎
木村佳光

季節と配色（愉しく新しく）　中原淳一
新しききもの古きもの　村岡花子
それいゆ・ぱたん　中原淳一
創りあげる歓び
佐藤武夫・木下恵介・田中千代・西崎緑
服部正・青山圭男・田中絹代
花を編みこむカーディガン　稲葉亨
はたらくひとの化粧と髪　山野愛子
子供と童話　関屋五十二
メリーウィドウ　堀内敬三
ぼうし　中原淳一
私の作った服（働きつつ装う原由美さん）

紺絣の部屋　中原淳一
アクセントをうしろに　中原淳一
重いＯＶＥＲをやめましょう
私の髪
松谷天光光・春日野八千代・三岸節子
徳川博子・土方梅子・三宅邦子
袖と襟を研究しましょう
秋を描くひと（高峰三枝子さんの衣裳調べ）
聖画（詩）　神保光太郎
あたたかく着ると心もあたたかい　花森安治
わかれ（楽譜）　作詞　深尾須磨子
作曲　西原紘二
新しい耳かくし　中原淳一
秋から冬へ—働く人のための服装の設計—　隅田房子
和服と帯を工夫する　中原淳一
働く人のために（一週間のお弁当）　鉄村光子
子供のための冬の支度　中原淳一
あるアパートメントハウスの夢　塩川旭
布でつくったこけし　藤田桜
あっぷりけののれん　中原淳一
下着の種類と着け方　近藤百合子
ロマンチックバッグ　中原淳一
衣類の手入　戸野村操

1949年2月号　No.9

特集・映画と生活

表　紙　中原淳一
カット　鈴木悦郎
写　真　東　正治

婦人と映画　村岡花子
黒い顔の魅力、白い顔の魅力　中原淳一
それいゆ・ぱたん（ハリウッド衣裳便り）　花森安治
わたくしの備忘録から　高峰三枝子
秋月恵美子さん・若林正志さん・吉村公三郎さん
岡村花子さん・西崎緑さん

花　中原 淳一
イニシャルのあるスゥエター　稲葉 亨
お白粧箱で作るピンクッション　藤田 桜
白・黒　池部 良
女優について　飯島 正
美しさを創る（対談）　杉村 春子・中原 淳一
ブラウンとシルヴァグレイのふたり（上原謙夫妻訪問）
あらたにくる春　中原 淳一
悲しみ（詩）　江間 章子
前髪と眉と唇　片山 龍二
靴
ぶらうす　桑沢 洋子
柳原 操画
子供のための春の支度　中原 淳一
ポケットのアクセサリ　中原 淳一
春のアクセサリは花である　花森 安治
サイン帖から
散歩路（楽譜）　作詞 サトウ・ハチロー　作曲 西原 紘二
上手なコーヒーのいれ方　秋山勘一郎
きもの談議　河野 鷹思
耳をかくす新しい髪　中原 淳一
花のきもの（鈴木美智子さんの衣裳調べ）
仕事のほかの歓び
　原保美・花井蘭子・池部良・津島恵子・宮川玲子
ニュールック物語　亀倉 雄策
健康住宅へ　塩川 旭
わが家の夕餉
　佐野周二夫人・森雅之夫人・原保美夫人・上原謙夫人
おしゃれどっぐ　中原 淳一

それいゆ

1949年6月号　No.10

特集・伸びゆく人のために

表　紙　中原淳一
カット　鈴木悦郎
写　真　東 正治

ゆかたどれす（愉しく新しく）　中原 淳一
愛情をめぐって　村岡 花子
それいゆ・ぱたん　中原 淳一
伸びゆくひと
石塚茂子さんのこと——川端 康成
桜井浜江さんの横顔——大久保 泰
高 英男君とオペレッタ——中原 淳一
東急の黒尾重明投手——大井 廣介
澄んだ眼、犬養道子さん——村岡 花子
大谷友右衛門君の顔——木村 荘八
表情の豊さ、藤間節子さん——三林亮太郎
小林桂樹君のこと——伊沢 一郎
伸びゆくひとの声
伸びゆくひとへ　横山百合子
手紙のたのしさ　城 夏子
よりそうて（楽譜）　野上 彰 詞　西原紘二 曲
エチュケットは香水　松本 恵子
COTTON BLOUSES　中原 淳一
水色の風にのる歌（あなたの若い夏のために）
こどものきもの　中原 淳一
若いひとの夏に　柳原 操
楽しい家具のいろいろ　高井 貞二
カルメン（影絵物語）　持丸 良雄
ゆかた　中原 淳一
仕事室を持つ若い芸術家の家　塩川 旭
着物へのノスタルジア　久慈あさみ
ピンのいらない髪　中原 淳一
ゆかたのこと
　高杉妙子・谷桃子・朝倉春子・三宅邦子
六つに変るイヴニングドレス

水色の花の精（柴田早苗さんの衣裳調べ）
お部屋に人形を飾りましょう　藤田　桜
若いひとに　花森　安治
美容ノートから（夏の皮膚）　中村　敏郎
午後のつどいに　勝目　清鷹
くらしの中のいろどり（染色について）　戸野村　操
日本を育てた八人の女性　吉沢　久子

1949年9月号　No.11

特集・美しい家庭のために

表　紙　中原淳一
カット　鈴木悦郎
写　真　東　正治

美しい家庭のために（愉しく新しく……その七）　中原　淳一
ふだん着について　古谷　綱武
それいゆ・ぱたん　中原　淳一
家庭での愉しいひととき
　佐多稲子・赤松俊子・植野豊子・齋田愛子
　森雅之・川上哲治・山田五十鈴・加藤道子
星夜（詩）　河合　幸男
意識しない貧困（家庭の読物を論じて）　村岡　花子
キュース・コゼーと布でつくる茶卓　藤田　桜
幸福な会話は生活のオアシス（話をするエチケット）　中原　淳一
いつも生活を楽しむ心構えで　松本　恵子
接合せの楽しさ
　大谷冽子・松本恵子・谷桃子
編物はあなたのまごころ　中原　淳一
子供のきものはお母様のおふる　中原　淳一
お料理のみだしなみ　松本　恵子
羽織るもの　中原　淳一
夢を生かす机　中原　淳一
秋のきものの遊び　田中　千代
台所の小さな試み　氏家　寿子
柄とデザイン　中原　淳一
台所の愉しさ　中原　淳一
秋に奏でるデュエット（三條美紀さんを訪ねて）
季節を飾る帽子
きものがつくる表情　中原　淳一
佳き人は秋風を袖にいだきて
　（大谷友右衛門夫人晃子さま衣裳調べ）
秋の髪　中原　淳一
フェザーカットについて　中村　孝子
私の家庭日記　笠置シヅ子
誰でも知っていること
家庭のひとのみだしなみ　街　夕起子
家庭での遊び
美しい街をつくった話　蘆原　義信
別冊付録　編物はあなたのまごころ（製図と編み方）

1950年3月号　No.12

特集・趣味と生活

表　紙　中原淳一
カット　鈴木悦郎
写　真　東　正治

うるおいのある生活（愉しく新しくその八）　中原　淳一
青春について　佐多　稲子
新聞の読方　阿部真之助
世界の現代バレエ界展望　横山百合子
それいゆぱたん　中原　淳一
趣味にひたる歓び
　高峰秀子・市川海老蔵・田中耕太郎・山根寿子
大久保泰・深尾須磨子・上原謙・小沢栄
あなたはどれをえらびますか　カラーセクション趣味の教室
演劇　杉村春子、ピアノ　田中義宗、声楽　原信子、ウクレレ
廣瀬良子、油絵　大久保泰、コレクション　中原淳一、活け花
勅使河原蒼風、ダンス　松本恵子、短歌　中河幹子、カメラ
東正治、テニス　細川雅之助
葉書回答
春の美容ノート　中村　敏郎
音楽クイズ　大田黒元雄

流行はこんな風に変りつつある　田中千代
新聞とその女優　秦豊吉
ある晴れた日に（砂原美智子さんの衣裳調べ）
形の意味するもの（文楽の女形）　土門拳
枯れかかった花を活ける　中原淳一
七彩の絹の糸まり（南悠子さんの衣裳調べ）
帽子への郷愁　西塚庫男
春から夏にかけての子供のきもの　中原淳一
九人の黒ン坊の中の一人　藤田桜
三つの店　塩川旭
春の髪　中原淳一
美しい胸のふくらみをつくる　中原淳一
二人でつくるSWEATER
暮しにとけ込む趣味（今和次郎氏を訪ねて）
三つの花
萩田佐子・北村亜矢子・田中ルリ子
夢やどす若草（映画「若草物語」のデザインより）
いちはん安くて手軽な料理
洋服が出来るまでの注意
二人でつくるスウェーターの編み方
よもやまばなし―映書・女性・恋愛―
吉村公三郎・大迫倫子・中原淳一
付録　楽譜　冬になる海　河合幸男 詩　服部正 曲　中原淳一 装

それいゆ
13

1950年6月号　No.13

特集・女の幸福

表紙　中原淳一
カット　鈴木悦郎
写真　東正治

西洋の社交と日本の社交　渡辺紳一郎
私の好きな恋愛　大田洋子　宇野重吉
太陽の花（ゴッホの生涯と作品）　大久保泰

それいゆぱたん　中原淳一
ブラウス　中原淳一
幸福
池部良・川端康成・吉屋信子・田村秋子・水ノ江瀧子
尾高尚忠・藤村富美男・山口淑子（松田正志特写）
私の作りたい洋服
高峰三枝子・谷桃子・阿部艶子・宮川玲子・三上孝子
柴田早苗・夏川静枝・朝倉攝子・朝倉衿子・竹久千恵子
杉葉子・淡谷のり子・山根寿子・芝木好子・砂原美智子
轟夕起子・高峰秀子・大谷冽子
新しいシルエット（特集）　杉野芳子
永遠のふるさと　深尾須磨子
駄々っ子の魅力―越路吹雪論―　則武亀三郎
幸福を呼ぶ小さなテクニック（愉しく新しくその九）　中原淳一
一週間の化粧　中村孝子
正しい白靴の手入れ　浅川昇
夏、私はこれだけ欲しい（働く人の服装の計画）　門川美代子
明るい知性のいろどり（宮田洋子さん衣裳調べ）
明るい生活の家（伊藤龍雄画伯新居訪問）
好きだった役　なつかしい役
高峰三枝子・小沢栄・水ノ江瀧子・木暮実千代・川村秋子
西崎緑・森雅之・轟夕起子・山本安英・花井蘭子・宇野重吉
京マチ子・高峰秀子・池部良・夏川静枝・山口淑子・葦原邦子
杉村春子・高杉妙子・山根寿子・大谷冽子
私はいつも和服でいたい（乙羽信子さん衣裳調べ）
たんす　中原淳一
夏の子供服　中原淳一
街中にたつ高層小住宅　塩川旭
レースで作る服　中原淳一
夏祭　水野正夫
キャリアガールのサンスーツ　宮内裕
あっぷりけの浴衣　中原淳一
夏の髪　中原淳一
へちまで作ったビーチサンダル　水野正夫
しぼりのきもの
藤間紫・春日野八千代・高峰三枝子
小夜福子・西崎緑
COTTON DRESSES　中原淳一
夏の服装べからず帖　中原淳一
自分で創る麦藁帽子　中原淳一
海や山の為のお弁当と野外食　黒田初子

食器の手入れ　小林ふみ子
幸福（鼎談）　阿部艶子・柴田早苗・中原淳一

1950年8月号　No.14
結婚特集

表　紙　中原淳一
カット　鈴木悦郎・野見山暁治
写　真　東　正治

結婚ア・ラ・カルト　渋沢　秀雄
若い女の記録
　結婚の探究　朝倉　攝
　父母の生活　宮田　洋子
「チャタレ夫人の恋人」の問題　本多　顕彰
それいゆぱたん　中原　淳一
どれを選びましょう（デザイン特集）　中原　淳一
子供の結婚に願う
　原信子・久米正雄・勅使河原蒼風・宮田重雄
　式場隆三郎・米川正夫・芹沢光治良・宮本三郎
結婚生活における形式と習慣について（アンケート）
　城夏子・古谷綱武・石田アヤ・松本恵子・村岡花子・田中千代
　山内義雄・阿部艶子・神西清・北畠八穂・大田洋子・竹内てるよ
　三岸節子・大久保泰・田中比左良・宇野重吉・宮田重雄・中村伸郎
　新居格・北條誠・菱山修三・大迫倫子・江間章子・高井貞二
　塩川旭・鳴海碧子・河盛好蔵
新しい和服の試み（特集）　田中　千代
結婚披露（愉しく新しく・その十）　中原　淳一
若い人の手帖から
布で作る楽しい家具　水野　正夫
花嫁の化粧　中村　孝子
アメリカ流行歌曲の人気歌手　榛名　静男
芸術の光りをかかげて（石井歓氏はるみさん夫妻訪問）
ファニー—写真物語—
海を渡るトランクから（石井好子さん衣裳拝見）
生活の裏を持たぬ家（塩川旭氏新居訪問）
あざみのきもの　葦原　邦子
WEDDING DRESS　隅田　房子
手づくりの贈物　中原　淳一

二人はこんな部屋に住む　中原　淳一
台所の楽しさ　水野　正夫
毎年あたらしい服を着る（デザイン研究）　中原　淳一
子供のきもの秋の仕度　中原　淳一
結婚写真拝借
　北條誠・大久保泰・高峰三枝子・灰田勝彦・小夜福子・尾上梅幸
　砂原美智子・小沢栄・藤原義江・藤倉修一・水谷八重子
幸福の日を待つ人（竹田敏彦氏令嬢喜久子さんを訪ねて）
初秋の香をきく（清元延寿太夫夫妻訪問）
白銀のワルツ・朱と白の光（花嫁衣裳の試み）　中原　淳一
はんぱな毛糸でも二人はこんなに愉しく着ている　中原　淳一
初秋の髪　三題（山野愛子・芝山みよか・中村孝子）
一番早くて手軽な私の家の朝食　諸　家
より素晴らしい生活のために
　新婚・暮しのテクニック　中原　淳一
掃除は新鮮な生活を作る　小林ふみ子
スエーターあみ方　稲葉　亨
座談会　結婚（武者小路実篤先生を囲んで）
　武者小路実篤・阿里道子・佐藤信子
　植木信子・細谷洋子

1950年11月号　No.15
特集・生活のいろどり

表　紙　中原淳一
カット　鈴木悦郎
写　真　東　正治

生活のいろどり　渋沢　秀雄
一作だけの小説家
　〝風と共に去りぬ〟のミッチェル女史　大久保康雄
女の記録
　仕事の中に没入して　東山千栄子
唄ありて　淡谷のり子
それいゆ・ぱたん　中原　淳一
生活のいろどりに就いて（アンケート）

生活のいろどり（特写）
水戸光子・長門美保・菅原卓・杉村春子
服部正・別当薫・由起しげ子・黒沢明　宮内　裕
縞のデザイン　柳原　操
隅田　房子
不潔なサンタクロース（愉しく新しく・その十一）　中原　淳一
床の間・押入れの工夫（椅子式生活の彩りとして）　塩川　旭
シャンソンの話　佐藤　美子
あそび方（その一・福引）
ひとつの方向　マダム・マサコ
私の好きなもの
久我美子・北條玲子・吾妻徳穂・堀文子・佐藤美子
柴田早苗・天津乙女・高杉妙子・藤原あき・佐多稲子
宇野千代・藤間紫
私はこんなきもので働く　門川美代子
新春の生花五題　勅使河原蒼風
大谷洌子さんの服を作る（仕事の愉しさは生活の彩り）　渡辺きぬ子
ひとつのセットが作る三つの髪　中原　淳一
茶の間は家族が一日中を暮す生活の彩り　中原　淳一
白い柵に囲まれた幸福（三船敏郎新居訪問）
OVER　COAT　隅田　房子
髪型はこんな風にして性格を創る　中原　淳一
楽譜（いつもあなたのものよ）　深尾須磨子　作詞
高木東六　作曲
自分の体を研究する（デザイン研究）　中原　淳一
手芸（こうどん）　水野　正夫
子供のための冬のきもの　藤井　千秋
私の散歩道
藤原義江・阿里道子・高見順・轟夕起子
秋をかなでる色調（越路吹雪さん衣裳調べ）　中原　淳一
初春はかるたの宵のノスタルジア　中原　淳一
組合せて着る楽しさ　諸　家
冬の食卓を彩る暖まるお料理　柴谷　邦
暖房のいろいろ　加藤子久美子
かりぬいの技術
胸にアクセントを持たせてみる（毛糸編物）　中原　淳一
胸を美しく飾った毛糸編物図案

鼎談　生活のいろどり　内村直也・江上フジ・中原淳一

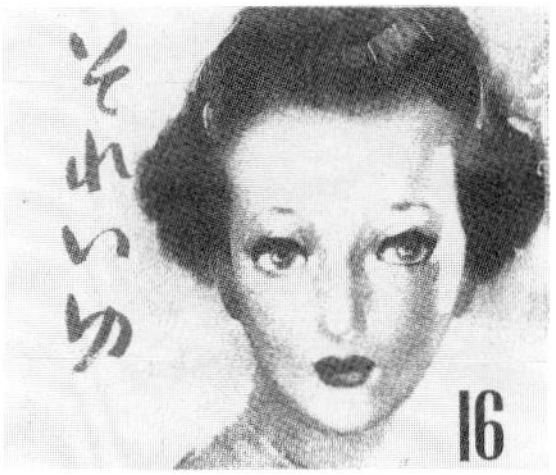
それいゆ
16

1951年2月号　No.16
特集・生活の設計
表　紙　中原淳一
カット　鈴木悦郎・野見山暁治
写　真　東　正治

生活の設計　渡邊紳一郎
ノラという女のこと　秦　豊吉
私の座右銘（葉書回答）
明るい生活への計画（愉しく新しく）　中原　淳一
それいゆ・ぱたん　中原　淳一
生活から学ぶ
岸田国士・中里恒子・千田是也・角梨枝子
服部良一・藤田靖子・佐分利信・山本安英
どれを選びましょう（その二）　中原　淳一
年齢と美容　山野　愛子
切花の水あげ　勅使河原蒼風
二つの椅子（友右衛門と九朗右衛門）　安藤　鶴夫
ジャズ鑑賞のポイント　野川　香文
生地の買い方　桑沢　洋子
青磁色のプリンス（打吹美砂さん衣裳調べ）
女のくらし
城　夏子さん訪問
隅田房子さん訪問
四つの個性（髪型の工夫）
谷桃子・砂原美智子・西崎緑・轟夕起子
マダム・マサコ
私のきもの　桑沢　洋子
民芸風な縄の家具　片山　龍二
私のささやかな衣裳道楽（本田アナウンサー衣裳調べ）
子供は大人のお下りばかりで愉しく暮す　中原　淳一
桜の園（影絵物語）　文・藤田　稔雄
画・中原　淳一

スカートが創る性格（デザイン研究）　中原　淳一
お伽話（手芸）　水野　正夫
カラー・カフス・ポケット　隅田　房子
生活に溶けこむ住居　塩川　旭
アップリケは子供服の童話　中原　淳一
アップリケ図案集　中原　淳一
花へ心をこめて（勅使河原霞さん衣裳調べ）
食卓の花はこうして愉しく　水野　正夫
早春をかなでる（沢村晶子さんのきもの拝見）
ながらえる日々のやすらい（養老院を訪ねて）
若い人のために（デザイン特集）　中原　淳一
裸婦　モジリアニ
モジリアニの裸女　大久保　泰
養老院を訪ねて　阿部　艶子
スーツのはなし　マダム・マサコ
一番喜ばれた我家のお弁当　諸　家
座談会　働く人の服装計画
宮内裕・南俊子・立岩李々・中原淳一

1951年5月号　No.17
恋愛特集
表　紙　中原淳一
カット　鈴木悦郎
写　真　東　正治

恋愛の花束　深尾須磨子
名作恋愛小説ダイジェスト　加島　祥編
若い人達の恋愛に贈る言葉（ハガキ回答）
何を残したか（「勝利はわが手に」より）　秋山　徹夫
職場の恋愛エチケット（愉しく新しく十三）　中原　淳一
それいゆぱたん　中原　淳一
それいゆぱたん解説　中原　淳一
私の恋愛観
木暮実千代・大谷友右衛門・貝谷八百子・大谷洌子
内村直也・吉村公三郎・平林たい子・猪熊弦一郎
恋愛のエチケット　渋沢　秀雄
贈りもの　中原　淳一

手紙の魅力　城　夏子
小曲（ハインリッヒ・ハイネ）
たけくらべ（名作絵物語）　文　宇野信夫　絵　山本武夫
庭の生活を楽しむ　塩川　旭
アップリケをした二つのバッグ（手芸）　水野　正夫
雨の日をたのしく　中林　洋子
明るい太陽の家庭（大日方伝氏の生活を訪ねて）
私の折鶴のきもの（高峰三枝子さんの衣裳しらべ）
私の寿のきもの（山根寿子さんの衣裳しらべ）
バレエの花――美しき舞姫　佐藤　邦夫
無地のドレスと花（柴田早苗さんの衣裳しらべ）
舞台化粧　中原　淳一
別当薫氏夫人珣子さんを訪ねて
袴物語（その二）　葦原　邦子
COTTON BLOUSES　中原　淳一
ゆかた　中原　淳一
子供のきもの―夏の仕度―　隅田　房子
花をかざる髪　中原　淳一
移動する台所　水野　正夫
ボタン　中原　淳一
生地とデザイン―デザイン研究―　桑沢　洋子　宮内　裕
薔薇の城のプリンセス（淡島千景さん衣裳しらべ）
蠟燭と花　水野　正夫
初夏から初秋まで　中原　淳一
ドーラ・マールの肖像（パブロ・ピカソ）　大久保　泰
女の云い分　大迫　倫子　阿里　道子　中村メイ子
アメリカの新しい美容法　山野　愛子
若い人の手帖から
涼しさをそへる夏のお料理　諸　家
座談会―恋愛について―
渋沢秀雄・藤原あき・河竹俊雄・宮田洋子

1951年8月号　No.18

特集・愉しい住い方

表　紙　中原淳一
カット　鈴木悦郎
写　真　東　正治

住まい方アラカルト　渋沢　秀雄
美しい生活をもとめて　氏家　寿子
日本の主婦とアメリカの主婦
あなたの生活をのぞく　ジェームス・ハリス
アメリカの主婦生活について　最所　フミ
最もよまれた文学書　八木岡英治
はがき回答　諸　家
それいゆ・ぱたん　中原　淳一
その解説
私の住い方から
大仏次郎・笠置シヅ子・山本嘉次郎・中村汀女
桂ユキ子・若山セツ子・中山悌一・勅使河原蒼風
パリの婦人帽子　中原　淳一
パリの髪　中原　淳一
ちらかして置ける部屋　塩川　旭
秋のツウピース集　隅田　房子
化粧品の手帳　メイ・ウシヤマ
子供のきもの　中原　淳一
秋を迎えるきもの（春日野八千代さん衣裳調べ）
住居の工夫
住居は美しい小さな舞台（千田是也氏御夫妻の住居拝見）
建物にいかした黒と白のアクセント（志村喬氏御夫妻の住居拝見）
私の好きなきもの　高峰　秀子
越路　吹雪
バレエの花（美しき舞姫・続）　佐藤　邦夫
ドレスに活かしたアクセサリーの夢
（灰田勝彦氏夫人君子さんを訪ねて）
小棚の飾り方　水野　正夫
僕の備忘録　池部　良
自分で結える髪　水野　正夫
恋のなやみ　ヴェルレエヌ
堀口大学訳
中原淳一さんの絵とひと　城　夏子
アクセサリーを飾る人形　水野　正夫
FURNITURE COLLECTION　塩川　旭
秋のハウス・ドレス　桑沢　洋子
絵　宮内　裕
たんすの裏を飾る　水野　正夫
耳かくし　藤原　あき
田中比左良
マロニエだより　中原　淳一
PARIS　中原　淳一
曙ゆりさんのドレスを作る　入沢　綾子
三つの初秋のDRESSES　中原　淳一
メイ・ベルフォール　大久保　泰
川上音二郎の生涯　小山　鶴子
お召のはなし　西崎　緑
私の野菜料理　諸　家
プラスチックスの知識　渡崎　隆
電気器具の修理　影山　一郎
住まい方の工夫　座談会
塩川旭・田中峰子・上原倶子
石原久子・山下和子・中原啓一

1951年11月号　No.19

特集・女の夢

表　紙　中原淳一
カット　鈴木悦郎・大淵陽一
写　真　東　正治

女について　内村　直也
吉村公三郎
アパルトマンの生活から（愉しく新しく十四）　中原　淳一
林芙美子の生涯と作品　中村　光夫

暖房べからず集　今 和次郎
私の夢　諸 家
特集・デザイン研究
流行のシルエットを裁断する　中原 淳一
製図　桑沢洋子・小川文子
女の夢
淡島千景・神近市子・辻久子・森田たま・杉葉子
横山はるひ・水谷八重子・越路吹雪
冬の日（ヘルマン・ヘッセ）
冬のコート　隅田 房子
一室住宅　塩川 旭
子供のきもの・クリスマスとお正月　中原 淳一
私の好きな洋服と和服
乙羽信子・芦原千津子・久我美子
壁に花を飾る　水野 正美
PLISSÉ DE SOLEIL　中原 淳一
ゴシック風なメルヘンの夢（仰木茂氏新居拝見）
意匠の美しさ（舞踊家市川翠穂さんのきもの拝見）
モイラ・シヤラア（美しき舞姫・続）　佐藤 邦夫
美しい光の中の団欒（芸術一家長坂春雄氏の御家庭を訪ねて）
早川雪洲氏映画スチール・コレクション
フランスの中尉さん（手芸）　水野 正夫
照葉狂言（名作絵物語）　（絵と文）山本 武夫
トランプの歴史とエカルテ　矢野目源一
自分でつくるオーヴァ・コート　桑沢 洋子
画　宮内 裕
髪の美容　メイ・ウシヤマ
若い人のよそゆき　マダム・マサコ
きものに描くブラウンの夢（久慈あさみさんの衣裳しらべ）　山野 愛子
夢をもる髪　芝山みよか
冬の食卓を彩るポット・コゼー　水野 正夫
パリ通信　中原 淳一
私の巴里アルバム　高峰 秀子
パリ郊外の芸術家アパルトマンに
荻須高徳氏夫人美代子さんをお訪ねして
パリではいまこんなスエーターがはやっている　中原 淳一
美しい冬の日のために　中原 淳一
兵士にいじめられるキリスト（ジョルジュ・ルオー）　大久保 泰

三つの魅力—最近の芸能界から—　蘆原 英了
食卓のエチケット　松本 恵子
わが家の愉しいおやつ　諸 家
スエーターの編み方　稲葉 亭
座談会　女の夢
石川達三・香川京子・門川美代子
小谷節子・藤田律子・横山てるひ

1952年3月号　No.20
フランス特集
表　紙　中原淳一
カット　鈴木悦郎・大淵陽一
写　真　東　正治

それいゆ・ぱたん　中原 淳一
巴里の学生達の生活　芹沢光治良
パリの生活ダイジェスト
結婚　渡辺紳一郎、芝居　北村喜八、ふだん着　藤原あき、
娯楽　大久保泰、美術　森田元子、お菓子屋　蘆原英了、
モード　高野三三男、研究所生活　宮田重雄、
管楽器　深尾須磨子
私の巴里便り　高野 輝子
アンドレ・ジイドの作品を読む人、読みかえす人達に　佐藤 朔
シャンソンと風　高 英男
フランスを語る
荻須高徳・長岡輝子・辰野隆・石井好子
高木史郎・浅野千鶴子・硲伊之助・高峰秀子
巴里の住い方から思うこと（愉しく新しく特集）　中原 淳一
巴里で買った私のブラウス　高峰 秀子
愉しい我が家—三木鶏郎氏住宅拝見—
洋間をいろどる和服と花（水戸光子さんのきもの調べ）
青い袴のことなど（袴ものがたりその2）　春日野八千代
早春を匂う花・津島恵子さんのきもの拝見
若い人のために　杉野 芳子

美しい寝室をつくる　塩川　旭
春を迎えるブラウスとスカート集　隅田　房子
パリ通信その二（絵・森田元子）　中原　淳一
私の巴里生活　砂原美智子
男の長い髪・女の短い髪　中原　淳一
白い家具　水野　正夫
想い出の巴里を描く
たそがれのセーヌ　深尾須磨子
　巴里の冬景色から　宮本　三郎
　私のパリー日記より　木下　孝則
　モンマルトル　佐藤　敬
くろんぼ　水野　正夫
一枚の型紙からつくる四つのジャケット　桑沢　洋子　絵　宮内　裕
巴里の美容いろいろ　マヤ・片岡
小さなキイルティングのバッグ　水野　正夫
パリの地図
パリの町をゆく（解説・蘆原英了）
美しさを創るよろこび（中林洋子さん御一家の衣裳調べ）
調和の描く美しさ　芝山みよか
麻の芯で作った椅子　片山　龍二
フランス映画傑作集
フランス映画の見方　岡田　真吉
ミュージカル・プレイについて　内村　直也
巴里の香水屋さん　マダム・マサコ
フランスの主婦と家庭料理　チリビ・キク
座談会・巴里の働く婦人と語る　司会・中原淳一

1952年5月号　No.21

特集・青春特集

表　紙　中原淳一
カット　鈴木悦郎・大淵陽一
写　真　東　正治

青春に寄せる言葉　武者小路実篤
青春の騎士（ジャン・マレーをめぐりて）　岡田　真吉
晶子の青春（与謝野晶子の生涯と芸術から）　深尾須磨子
ティノ・ロッシの舞台を観る　中原　淳一
青春の社交エチケット　渋沢　秀雄
角梨枝子さんの夏を迎える涼しいドレス
青春の話題（それいゆフォト・ニュース）
花の姉妹を尋ねて（山本照子・和子姉妹のドレス拝見）
東西古今映画俳優二枚目くらべ　筈見　恒夫
私の期待する人
　佐田君のことども（佐野周二）・八千草薫さんのこと（葦原邦子）
　堀文子さんのこと（福田豊四郎）・岩淵龍太郎君のこと（野村光一）
　京さんの魅力（新藤兼人）
青春の寸言集
紺がすりの話　森田　たま
故郷の柳　三好　達治
木綿で作るドレス　隅田　房子
家庭でつくる愉しい夏の飲みもの　諸　家
五つのテーマによる夏のブラウス集　田中　千代　絵　長沢　節
グレタ・ガルボの帽子から　中原　淳一
袴ものがたり　その三　天津　乙女
花びらを浮かす　水野　正夫
オリヴィア
三つのシルエット（私の好きなスカートから）　越路　吹雪
青春の舞台から
　新劇（北村喜八）・オペラ（大田黒元雄）・バレー（蘆原英了）
　少女歌劇（南部圭之助）・歌舞伎（安藤鶴夫）・新派（大岡龍雄）
　軽演劇（久我三郎）・無声映画（飯島正）
DRESSES（最近のシルエットから）
帽子（今夏のショー・ウインドウから）
バッグ・アクセサリー・シューズ
働く人の衣裳しらべ
　清楚さの中に女らしい夢を　服山　公江
　いつも清潔な服を着る計画　加藤子久美子
夏を楽しむ屋外の部屋　塩川　旭
花の精（手芸）　水野　正夫
小巾木綿のセパレーツ　桑沢　洋子　絵　宮内　裕
夏の美容アラカルト　芝山みよか
ポンポンを飾りましょう（手芸）　水野　正夫
YUKATA　DRESSES　中林　洋子

シルエットを愉しむドレス（レースで作るデザイン）　水野　正夫
舞扇に流れるきものの夢（吾妻徳穂さんのきもの拝見）
自分で作る木のアクセサリー　片山　龍二
画家の描いたゆかた
最近の劇界の動きから　尾崎　宏次
若い人の手帖から

1952年9月号　No.22
結婚特集
表　紙　中原淳一
カット　鈴木悦郎・鞍懸吉人
　　　　大淵陽一
写　真　東　正治

それいゆ・ぱたん　中原　淳一
結婚の責任　今　日出海
私の結婚生活
　結婚満二十年　大久保　泰
　万年学生の世帯　美川　きよ
三つの女の一生　中村　光夫
結婚の仕度　中原　淳一
結婚の条件
　野村輝子・遠山信二・横山方子・横光象三
　一丸美佐緒・川端麻紗子・仲谷昇・岸恵子
木綿のれーすでつくる花嫁のきもの　中原　淳一
素晴らしい六つの結婚
　別当薫さんと珣子さん・三船敏郎さんと幸子さん・イサム野口さんと山口淑子さん・吉崎賢蔵さんと阿里道子さん・三木鮎郎さんと門川美代子さん・朝日奈正行さんと大田文子さん
美女年代記　筈見　恒夫
短かい髪でつくる二つのシルエット　中原　淳一
私の好きなきもの（森雅之氏夫人順江さん）
結婚のプレゼント　水野　正夫
六畳一間に美しく住む　塩川　旭
初秋のシルエット　隅田　房子
家庭で開く結婚披露宴のために　松本　恵子
昔の結婚と今の結婚　渋沢　秀雄
男ものの手入れ　戸野村　操
中原淳一・巴里みやげ（特集）
　市場の明け暮れ
　華やかなスペインのお祭り
　乳母車
　JACQUES FATH
　巴里のファッションショウ
　うつりかわる靴
　初秋のための木綿のコート
　巴里のNO.1 JEAN CLEMENT
　砂原美智子さんの蝶々のきもの
　闘牛
　石井好子さんのきものを作る
　巴里よもやまばなし
　蝶々夫人の着物を贈る
　その後の巴里のことなど
さび朱色のきもの—きものを着始めた京マチ子さん—
新しい家に住む杉村春子さん
紺と白を着る巴里の朝吹登水子さん
小さな花束を生ける　水野　正夫
新婚みだしなみエチケット　中原　淳一
声優を語る　大岡　龍男
結婚性格見立（あなたはどれに当てはまりますか）

1952年12月号　No.23
音楽特集
表　紙　中原淳一
カット　鈴木悦郎・大淵陽一
写　真　東　正治

それいゆ・ぱたん　中原　淳一
音楽と生活　牧　定忠
ブランシュ・デュ・ボワと云う女（「欲望と云う名の電車」の主人公）　加藤　道夫
楽しい冬の遊び　須永　信一

名作オペラの解説　大田黒元雄
芸術家と恋愛　大宅壮一
音楽放浪記
鶴田浩二・脇田和・南美江・高田稔・今日出海
岡村文子・由起しげ子・角梨枝子
なかよし（手芸）　水野正夫
冬の街をゆく（デザイン）　隅田房子
愉しい食卓をつくる　小林ふみ子
毛糸の紐をドレスのアクセントにする　中原淳一
暖かい冬の小物　水野正夫
洋間のお掃除　武田ます
（絵）岡部冬彦
赤いビロードのアンサンブル　朝吹登水子
（絵）原雅夫
振袖は歌の翼にのせて（大谷冽子さんの衣裳拝見）
海鳴りのする仕事部屋に（團伊玖磨氏御夫婦をたずねて）
楽器のいろいろ
シャンソンを唄う人
淡谷のり子（語る人　松井八郎）高英男（語る人　牧定忠）
橘薫（語る人　蘆原英了）二葉あき（語る人　原六朗）
カルメン集
星空に唄は流れて（ペギー葉山さんのドレス拝見）
新春のきもの　（文）城夏子
岡田茉莉子・久慈あさみ・水戸光子・細川ちか子
PARIS MODE　中原淳一
巴里の黒・流行は着る人がつくる・夜のきもの
音楽辞典
（洋楽）野村光一・（邦楽）安藤鶴夫・（軽音楽）野川香文
好きな着物を着て一番好きな花を生ける
柴田早苗・藤間節子・五十嵐美智子・勅使河原霞
大谷晶子・沢村晶子　（指導）勅使河原蒼風
髪（ジャン・クレマンの新作）
部屋をかたづける　中原淳一
こんな時にこんな装い　中原淳一
MUFF（マフ）　水野正夫
パリから来た花形舞姫（アンヌ・タイデさんを訪ねて）
生活に音楽をどう採り入れるか　諸家
冬物と身の廻り品の洗濯　戸野村操
対談　田中幸代・中原淳一

1953
SPRING
No.24

1953年2月号　No.24
特集・美しさの発見

表紙　中原淳一
カット　鈴木悦郎
写真　東正治

それいゆ・ぱたん
美しさについて　中原淳一
豊島与志雄・井口基成・田中千代・早川雪洲
美しさの要素
三岸節子・河盛好蔵・中里恒子・大久保泰・藤原あき
村岡花子・中原淳一・渋沢こと子・田中峰子
春と唄と巴里　高英男
花さまざま（愉しく新しく）　中原淳一
ボヴァリー夫人について　伊吹武彦
青春の群像
毛利真美（画家）・大川橋蔵（歌舞伎）・藤ケ谷秦子（女医）
黒田美治（歌手）・青山京子（映画女優）
踊りに明け暮れするきもの（藤間勘紫乃さんの和服拝見）
気をつけましょう　中原淳一
LUDMILA TCHERINA
私の好きな場所
丹阿弥谷津子・伊藤京子・広瀬佐紀子・奈良光枝
男のきもの　1　岩井半四郎
人形ごっこ（手芸）　水野正夫
居間のなかにある台所　塩川旭
春の外出着　隅田房子
座布団・クッション（手芸）　水野正夫
私の作りたい服　絵・宮内裕
貝谷八百子・阿部艶子・寿美花代・杉葉子
高峰三枝子・八千草薫・朝倉摂・杉村春子
横山はるひ・久慈あさみ・津島恵子
いろいろに着る
家庭宝典　中原淳一
それいゆの型紙　No.1
杉野芳子・桑沢洋子・山脇敏子・藤川延子・中原淳一

アメリカから持ち帰った服—月丘夢路さんのドレス拝見— 中原淳一
屑布で絵を描く 中原淳一
のれん 水野正夫
楽しい七色の糸巻き掛け 片山龍二
両面着られる木綿のきものと紙の帯 中原淳一
水野正夫
私の好きな髪　左幸子・谷桃子・杉村春子・平松淑美
私の美容ノートから 諸家
のれんのアップリケ（型紙） 中原淳一
調味のこつ 松尾喜久子
三〇分インターヴュー
中島健蔵・有馬稲子・森繁久弥
石垣綾子・佐分利信・白井義男

それいゆ
1953
SUMMER
NO.25

1953年5月号　No.25

特集・二人で愉しく

表紙　中原淳一
カット　鈴木悦郎・大淵陽一
写真　東正治

それいゆ・ぱたん 中原淳一
ふたりのとき
宇野重吉・隈丸次郎・中村吉右衛門・三雲祥之助
永井進・藤川延子・浜田百合子・壺井栄
二人のために 串田孫一
愛の書簡—エロイーズの恋の物語— 山本鍵吉
最近の日本映画から 津村秀夫
女王物語 村岡花子
それいゆの型紙　NO.2
桑沢洋子・杉野芳子・中原淳一・中林洋子
行っていらっしゃい　越路吹雪さん
罌粟のきもの 越路吹雪
顔の歴史—高峰秀子さんの素顔をたどる—
花束 中原淳一
巴里の帽子

ふろしき 中原淳一
歌舞伎十八番 解説・安藤鶴夫
蚤の市 中原淳一
レースの美しさを愉しむ 中原淳一
ネクタイと帽子とブラウス（ふたりのために） 中原淳一
仕事の中でおしゃれをする 青山滝子
おしゃれ女中のイヴォンヌさん（手芸） 水野正夫
二人の住居 塩川旭
夏の愉しいはたらき着 藤川延子
お揃いを愉しむ（手芸） 水野正夫
調理器具のことなど 小林文子
新家庭のための部屋の設計 小田勝紀
それいゆ広告塔 デザイン・中原淳一
通勤着　よそゆきのきもの　華かな服　外出着
短かい髪・長い髪
二人の場合（愉しく新しく） 中原淳一
牛乳一合でつくる二人の料理 青木圭子
二人のお小遣い 益田金六
ふたりのおもいやり 中原淳一
二人の本棚 北村太郎
それいゆ生活宝典
お休みをふたりでたのしむ 水野正夫
美人は流行によってつくられる 中原淳一
夏の髪 尼宮浩二
縞のブラウス 中原淳一
男のおしゃれについて 多賀祥介
三っの色に咲く花　三人の沖縄姉妹を訪ねて
本の表紙をつくる 水野正夫
ふたりは愉しくはたらく
二人でつくるティ・テーブルセット 片山龍二
陽の下・砂の上 解説・中原淳一
二つの星のもとにある子等
中井児童学園を訪ねて 門川美代子
白百合園を訪ねて 小谷節子
ミシンをかける時のために
三〇分インターヴュー
別所毅彦・若尾文子・中野好夫
丹下キヨ子・尾上九朗右エ門・戸塚文子

1953年6月号　No.26

夏の装い特集

表　紙　中原淳一
カット　鈴木悦郎・岡部冬彦
　　　　内藤瑠根
写　真　東　正治

それいゆパタン　中原淳一
Q夫人の洋装　中原淳一
働らく人の朝の時間設計　氏家寿子
夏のみだしなみとエチケット・クイズ
朱の花の野生の魅力
私の暮しのひとこま
　高峰秀子・佐田啓二・乙羽信子
花を飾った麦藁帽子　水野正夫
　作り方
私の夏の衣裳戸棚から　村山実知子
　(画)　原　雅夫
スカートのあそび　中原淳一
時代のスポットライトに浮ぶ三つの仕事
　伊東絹子(ファッション・モデル)・新倉美子(ジャズ・シンガー)
　土井玲子(エア・ステュアデス)
太陽をたのしむきもの　中原淳一
素晴らしいスカート　中原淳一
二つの花　水野正夫　田中雅子
夏を愉しむドレス　中原淳一
ドレスと揃えたナイロンの日傘　中原淳一
あなたはどの髪型がお好きですか？
ふだんぎ　森　英恵
餅網を底につけたビーチ・バッグ　水野正夫
美しい仕立とチャーミングポイント　中原淳一
愉しいアクセサリー　中林洋子
夏の子供の遊び着　隅田房子
一週間のエプロン　中原淳一
美しい眠りのために　水野正夫
ブラウス　中原淳一
部屋を涼しくするテクニック　塩川　旭
よそゆき
ナイロンの和服銘仙でつくる
ベンベルグのドレス
すがすがしい縞のドレス
美しい皺のたのしみ
洗濯宝典
新しいきもの　大塚末子・水野正夫・中原淳一
プリントのドレス
アメリカに行くエバー・グレーズのきもの
レンズを透したポーズの研究　中原淳一
手袋と帽子　水野正夫
衣裳デザイナー　エディス・ヘッド
美しいカラーを作るために
夏の簡単に出来るお料理と飲物
夏布地の知識　山中喜夜生
　(画)　中林洋子
帽子と手袋他作り方

1953年8月号　No.27

特集・結婚の支度

表　紙　中原淳一
カット　鈴木悦郎・大淵陽一
　　　　内藤瑠根
写　真　東　正治

それいゆ・ぱたん　中原淳一
結婚にそなえて
　渋沢秀雄・田中澄江・堀内敬三・桑沢洋子
　石垣純二・田中峰子・阿部知二・波多野勤子
結婚の支度　中原淳一
映画俳優二枚目物語　石橋謙三
視聴をあつめる
　—MSA・無痛分娩・テレビの問題をめぐって—
わが国のポピュラー歌手たち　野川香文
たでしな高原での思い　古谷綱武
花ひらく窓辺に（黛敏郎・桂木洋子御夫妻新家庭訪問）
スカートとストール　中原淳一

茶碗敷きをつくる　片山　龍二
ワンピースとコート　中原　淳一
明日への夢をのせて（小林伊津子さんの衣裳訪問）
花を贈る　水野　正夫
花の姿は美しい人　岸恵子・吾妻薫・花井蘭子・八千草薫
床の間は新しく甦える　中原　淳一
フランスのトレードマーク　マダム・マサコ
秋の花　久我　三郎
お菓子の歴史　春山　行夫
花嫁の衣裳と華かな宴のために　中原　淳一
　宴に招かれる花・ジュニアのためのお招ばれの服
　花の精の装い　透き通る蝶の羽のように　水野　正夫
結婚の支度のために
　医　学　石垣　純二
　家　具　氏家　寿子
　衣　服　桑沢　洋子
　台所用品　松本　恵子
ふりそでの着付　村井八寿子
新しいシルエットを作る初秋のスエーター
紺絣を紅色に染める　水野　正夫
ジャンパースカートとブラウス　中原　淳一
ガーベラのドレス　中原　淳一
結婚の支度に手芸を　水野　正夫
　Ⅰ　ポケットが鍋つかみになるエプロン
　Ⅱ　靴磨きをお揃いのエプロンで楽しむ
　Ⅲ　ポケットのある壁掛
　Ⅳ　けしのテーブルクロース
　Ⅴ　立体的なのれん
ピエロ（人形）　水野　正夫
御飯の料理　赤堀　全子
日焼けの手入れ　牛山喜久子
花の様なスカート・茎の様なスカート　水野　正夫
マダム風な髪　中原　淳一
爽かな外出着　中原　淳一
私の好きな初秋のきもの　森貝　光子
葉を活ける　中原　淳一
故里明美さんの一ばん好きな四枚のきもの拝見
夢をよぶ帽子――マッジ・チャードの作品から――
新婚生活の住い方　沼畑金四郎
美しいシルエットを作る下着　山中喜夜生

手芸（グラビア頁の作り方）　奥田　富子
電気器具の使い方
三〇分インターヴュー
田中マサコ・小泉博・佐藤裕子・遠藤周作・岸恵子・鈴木弘

1953年11月号　No.28

特集・愛される要素

表　紙　中原淳一
カット　中原淳一・鈴木悦郎
　　　　水野正夫・大淵陽一
　　　　内藤瑠根
写　真　東　正治

それいゆ・ぱたん　中原　淳一
特集・愛される要素
神近市子・阿部艶子・江上フジ・石垣綾子・松田ふみ子
田中峰子・氏家寿子・村岡花子・美川きよ
私のお正月の晴れ着
京マチ子・山田五十鈴・田中千代・ペギー葉山
伊東孝
私の七人の友達
森繁久弥・江利チエミ・高英男・水谷八重子
果物を飾る　中原　淳一
男のきもの（2）尾上松緑丈のきものから
十代の子供達
ダンスパーティ（大久保泰）・バレー（渋沢秀雄）
スケート（丸岡明）・ジャズ（源氏鶏太）
私の男装二十五年史　水の江瀧子
人気というもの　大宅　壮一
銀座と淡路恵子さんのきもの
住む人の職業と生活様式が創り出した家
――古谷綱武氏御夫妻のプライベート・ルーム拝見――
男の帽子と女の帽子　中原　淳一
ふろしきを胸にかざる　中原　淳一
温度と美容　中村　敏郎
愛される生活（愉しく新しく）　中原　淳一
あなたは年賀状をどう思いますか
特集・冬のだんらん

こたつをかこむ楽しさ　中原　淳一
こたつぶとん　中原　淳一
きしめん　水野　正夫
木綿縞とこけし　水野　正夫
藍木綿とこけし　水野　正夫
だんらんの時のために　中原　淳一
こたつの上の遊び1・2・3　中原　淳一
仕立直しでするH子さんの服装計画　中原　淳一
デザインコンクール入賞作品発表
真珠色の花嫁衣裳　中原　淳一
真直な布を着る　中原　淳一
緋のきものを新しく着る　中原　淳一
たもと　水野　正夫
秋から冬の子供のきもの　中原　淳一
だんらんの部屋をつくる　塩川　旭
贈物のエチケット　水野　正夫
筒を着る　中原　淳一
あたゝまる鍋料理　赤堀　全子
ジュニアのために　中原　淳一
お菓子の歴史（その2）　春山　行夫
日本で作ったディオールのドレス
ヘミングウェイについて　中田　耕治
買いもの上手と云うこと　中原　淳一
今年の話題の人々から

それいゆ
1954
SPRING
No.29

1954年2月号　No.29

特集・春の支度

表　紙　中原淳一
カット　鈴木悦郎・水野正夫
　　　　大淵陽一・内藤瑠根
写　真　東　正治

それいゆ・ぱたん　春の102スタイル　中原　淳一
特集・学窓を巣立つ人のために
巣立ちのころ　中島　健蔵
若い人の服装計画　中原　淳一　水野　正夫
読書について　村岡　花子
女性と職業の問題　羽仁　説子
新しく職場につくかたのために　壬生　瑛子
若い人の手帖から「結婚まで」
高峰秀子さんのお宅ときもの拝見
美しいと思う七人の人
三島由紀夫・越路吹雪・香川京子・徳川夢声
のれんときもの
岡田茉莉子・木暮実千代・乙羽信子・沢村美智子
僕のことあれこれ　柳沢　真一
田中マサコ
デザインあそび　水野　正夫
最近の言葉から・その1
現代の結婚と子供　古谷　綱武
伊東絹子さんのアメリカみやげのドレス拝見
ボタンで作るアクセサリー　中原　淳一
男の服・女の服　中原　淳一
文学作品を通して恋愛を語る
小林正・原田義人・石垣綾子・円地文子
春風をさそうストール（月丘夢路さんに編み方を習う）
指環ものがたり（淡島千景・斉藤達雄・黛敏郎・淡谷のり子）
台所をいつもたのしく　中原　淳一
私が贈った着物を着たイタリーのお蝶さん　中原　淳一
子供部屋を楽しく美しく　水野　正夫
私の自慢スタイル
コンビネーション・キャビネット　中善寺登喜次
春の食卓に　吉沢　久子
香水のはなし　岡本　具
働く人のワンピース　中原　淳一
子供のための犬のバッグ　水野　正夫
オードルー・ヘップバーン
渥美延さんの春の支度　中原　淳一
男のチョッキ・女のチョッキ　中原　淳一
くず布で子供にスカートを作らせる　中原　淳一
三菱デザイン・コンクール
ふとん縞のきもの　水野　正夫
春の仕事（愉しく新しく）　中原　淳一
垢抜けるということ　南部　あき
期待される人々（一九五四年のホープ）
六つの春の支度（それいゆ・ぱたんの製図）

1954年5月号　No.30
特集・女のくらし

表　紙　中原淳一
カット　鈴木悦郎・中島保彦
　　　　木村鉄雄・内藤瑠根
写　真　東　正治

それいゆ・ぱたん　中原　淳一
特集・女の探究
教養・武者小路実篤　虚栄・阿部艶子
お喋り・渋沢秀雄　献身・森田たま
家計・氏家寿子　愛情・城夏子
社会性・阿部静枝　趣味・ダン道子
幸福・田中峰子　料理・吉沢久子
暮しの工夫・水野正夫　仕事・戸塚文子
言葉遣い・大迫倫子　友情・石井桃子
みだしなみ・渋沢多歌子　掃除洗濯・鳴海碧子
愚痴・横山美智子　社交・石垣綾子
責任の範囲・中原淳一
雨の日も愉しく　中原　淳一
しぼりによる個性実験室
あて姿的実験　淡路恵子・音感教育的実験　江利チエミ
真実一路的実験　片山明彦・水爆的実験　水野正夫
私のごひいき女性七人
中村扇雀・吉村公三郎・高橋貞二・永井龍男
扇に生きる—扇の老舗「みのや」久保田氏一家をたずねる—
花びらの髪　水野　正夫
夏と子供
親馬鹿の記　門川美代子
机のあるよろこび—愉しく新しく・20—　中原　淳一
最近の言葉から（その2）
その人を語る
岸恵子・中村メイコ・美空ひばり・春日野八千代
アクセサリーをたのしんで着る　ペギー・葉山
ざぶとんを贈る　中原　淳一
一九五四年ミス神戸中島嘉子さんのアルバム
水谷八重子・岩井半四郎・雪村いづみ・高英男さんへ
明治・大正・昭和　女さまざま
明治の女（山本健吉）・大正の女（杉森久英）・昭和の女（西村孝次）
開いたスカートは花のように　中原　淳一
化繊のドレス　田中　千代
写真と空箱　中原　淳一
さわやかな木綿の感触　中原　淳一
木綿のコート・木綿のストール・ゆかたドレス・夏のブラウス
バッグとサンダル　水野　正夫
わたくしの女学生のころ
巴里で歌う—私の最近の巴里生活から—　石井　好子
田中マサコさんの普段着
12いろに着る　中原　淳一
おとぎばなし（人形の作り方）　水野　正夫
あなたはどのタイプ？　三木　鮎郎
美しい手　中原　淳一
むらさきの恋　北見志保子
二組の夫婦のための家　塩川　旭
美しくなるための入浴　壬生　瑛子
母・息子・その嫁　北条　誠
こんなときはこんなふうに　北条　玲子
盛合せて愉しむ夏のランチ　中村　敏郎
アイロンかけのために　榊　淑子
製図のページ

1954年8月号　No.31
特集・二人の幸福

表　紙　中原淳一
カット　鈴木悦郎・大淵陽一
　　　　木村鉄雄・内藤瑠根
写　真　東　正治

それいゆ・ぱたん　中原　淳一
幸福への段階　河盛　好蔵
特集"二人の幸福のために"
石垣綾子・井上靖・佐多稲子・佐野周二・中原淳一
林髞・菱山修三・古谷綱武・堀秀彦・松本恵子
三木鶏郎・武者小路実篤・山本杉・山本松代・渡辺一夫

秋を愉しく―季節を長くいろいろに着る― 中原淳一
黄＋白＋黒―二つの背広を組み合わせて愉しむ― 水野正夫
長火鉢を新しく生かす 中原淳一
カトレアの花のような―山本富士子さんの衣裳調べ―
舞扇抄 天津乙女
特集・〝愛の告白〟
1 愛の言葉 田中澄江
2 日本文学に見る「愛の告白」 荒正人
3 外国文学に見る「愛の告白」 遠藤周作
ファッション・モデル誕生
彼はたれ？
ふたりのヘップバーン
盛り場・今昔ものがたり
（東）浅草 浜本浩
（西）道頓堀 平井房人
紙のバッグ 水野正夫
動く洋服 小井手伊勢子
楽な部屋着―愉しく新しく・21― 中原淳一
最近の言葉から―その3―
二つの女性観
（仏）永遠の女性 ゾエ・エステーブ
（日）人情に変わりなく 杉美代子
垢抜けた服をつくるために―洋裁メモ・1―
美しい肌をつくる 杉本安子
メロドラマのはなし 飯島正
木綿のきもの―松本幸四郎丈御夫婦をおたずねして― 福田英子
木綿で作った秋の子供服 水野正夫
私の和服姿 柳沢真一 雪村いづみ
大谷洌子さんのラ・ボエームの衣裳を作る 中原淳一
暮しをいろどる 中原淳一
1 残り布で作ったカーテンと座布団
2 つけまつげをつくる
3 秋のためのブラウス
4 1時間30分で出来るこけし
5 半日で出来るお人形
こんなときはこんなふうに―食べる時にもあなたを美しく―
新婚夫婦のための離れ家 塩川旭
SLACKES 中原淳一
果物のアップリケのきもの 中原淳一

私はこんな服でこんなときが好き
森貝光子・相島政子・伊東絹子・ヘレン・ヒギンス
岩間敬子・香山佳子・井沢有多子・原田良子
こんな二人の喜びもある―波江虔氏の生活と意見―
あたたかいお菓子 吉沢久子
ふたりの経済《やりくり》学 奥野信太郎
それいゆ31号の製図
動く洋服の製図

それいゆ
1954
WINTER
NO.32

1954年11月号　No.32

特集・魅力の探究

表紙　中原淳一
カット　鈴木悦郎・内藤瑠根
写真　東　正治

それいゆ・ぱたん 中原淳一
私はこんな人に魅力を感ずる
田中絹代・高英男・伊東絹子・石垣綾子
渋沢秀雄・山本紫朗・津島恵子
特集・魅力の探求
野心「ジュリアンソレルの魅力」 田宮虎彦
真実「タチヤナの魅力」 山本鍵吉
野性「レット・バトラーの魅力」 西村孝次
気品「クレーブ公夫人の魅力」 串田孫一
知性「菜穂子の魅力」 中村真一郎
清純「アリサの魅力」 鈴木康之
誠実「日疋祐三の魅力」 谷川俊太郎
純情「ウエルテルの魅力」 吹田順助
情熱「カルメンの魅力」 遠藤周作
春を待つ 中原淳一
線を生かした男のジャンパー 水野正夫
滞日中の砂原美智子さんを訪ねて
私はこんな贈物を貰った
池部良・望月優子・中村メイコ・中原淳一
淡谷のり子さんのきもの
布屑と空壜と 中原淳一

特集・女の一生（小説）
10代　中村メイコ
20代前期　梅田晴夫
20代後期　田中澄江
30代前期　飯沢匡
30代後期　阿部艶子
40代前期　円地文子
40代後期　耕治人
50代　武者小路実篤
老年　丸岡明
有馬稲子さんの休日
かつらに生きる人—奥松松之助氏を訪ねて—
きものの姿態
お正月の為にショートカットで日本髪を作る　中原淳一
きもの（手芸）　水野正夫
箒もお部屋のかざり　中原淳一
ボタンとスリッパ　中原淳一
誠実な心が魅力—愉しく新しく・22—　中原淳一
最近の言葉から
今年のヒットソングメモ　野川香文　蘆原英了
美しくつくるコツ—洋裁メモ・2—
長時間のレコード　佐多洋二
毎日のお弁当を愉しく　吉沢久子
華やかな髪
筆の姿をもとめて—佳人町春草さんの衣裳調べ—
三つのデザイン　森英恵
ロミオとジュエット
動くオーバー　小井出伊勢子
童話の意味をさぐる　戸川エマ
それいゆ歳時記—クリスマス・年の暮・お正月—
OVER COAT　中原淳一
彼はたれ？
フードつきスエーター　水野正夫
髪の手入れ—八つの場合—　望月福子
話題のあしあと
製図のページ

1955年2月号　No.33
特集・希望を育てる
表紙　中原淳一
カット　松永禎郎・高橋秀
橘野富彦・鈴木悦郎
内藤瑠根
写真　東正治

それいゆ・ぱたん　中原淳一
特集・「希望を語る」
芥川比呂志・芥川也寸志　江藤俊哉・江藤玲子
宮城黎子・宮城淳　早川真平・藤沢嵐子
山田五十鈴・嵯峨三智子　英百合子・長谷部健
原田良子・七浦弘子　中村時蔵・中村錦之助
特集・「希望を育てる」
希望と幸福　武者小路実篤
希望と健康　石垣綾子
希望と野心　串田孫一
希望と富　河盛好蔵
たけくらべのくっしょん〝美登利と信如〟　中原淳一
くつろいだ部屋着　中原淳一
こんなに甦える—重山規子さんの着古した服を仕立直す　中原淳一
私はこんな人に支えられて仕事をしている
伊藤整・高峰秀子・水の江瀧子・鶴田浩二
四ケ年振りに帰った石井好子さんのパリ土産の衣裳拝見
マッチ箱—ただで出来る贈り物—　中原淳一
妻になる条件—愉しく新しく・23—　中原淳一
純潔について　田中澄江
最近の言葉から—その5
ドン・キホーテの会話　花田清輝
LPあれやこれや　佐多洋一
チャンスは何処にでも転がっている　庄野誠一
特集・「美しい夫人」
千嘉代子・川喜多かしこ・芦田寿美子・猪熊文子
永田文子・永井悦子・楢橋文子
髪・ものがたり　諸家
櫛と女　平井房人

和服も洋服もテクニックから生れる性格は皆同じ　中原　淳一
TIGHT・SKIRT　中原　淳一
ムッシュ・プードル　水野　正夫
デテール　水野　正夫
特集・「ある夫婦の茶の間の会話」（短編小説集）
　あるささやかな家で　佐多　稲子
　のり茶の味　伊馬　春部
　愛すればこそ　水木　洋子
　妻の落しもの　田村泰次郎
私は朱と紺と紫が好き――岡田茉莉子さんの衣裳調べ
完全なる住宅照明　小井出伊勢子
動くカラー
帽子の空箱でハンドバッグを作る　水野　正夫
特集・「職場と生活」――働く女性の手帖から
それいゆ歳時記
歌舞伎らぶ・ろまんす　寺川　知男
手紙は文字で書く会話　阿部　艶子
たけくらべのくっしょん・作り方　中原　淳一
　ペギー・葉山さんの和服姿拝見
彼はたれ?
小さいいたずらっ子たち　内藤　瑠根
美容べからず帖　牛山喜久子
台所のメモ
美しくつくるコツ――洋裁メモ3
くつろいだ部屋着・作り方
特集・「私の今望んでいること」　諸　家

1955年5月号　No.34

特集・愛情の分析

表　紙　中原淳一
カット　鈴木悦郎・村上芳正
　　　　鏑木志久
写　真　東　正治

それいゆ・ぱたん　中原　淳一
特集・一筋の道を歩む人
長谷川一夫・三船久蔵・杉野芳子・藤原義江
山本安英・賀川豊彦・杉山里つ子・坪田譲治
特集・女の一生と愛の階梯
　児童期　徳永寿美子
　思春期　田中　澄江
　恋愛期　円地　文子
　夫婦期　美川　きよ
　母性期　中里　恒子
　完成期　阿部　静枝
白と黒の階調　中原　淳一
　津島恵子・有馬稲子・淡路恵子さんの為に
美しい夫妻
車ものがたり
目覚時計のこと―愉しく新しく・23―　中原　淳一
若い世代の女流作家　中田　耕治
最近の言葉から―その6―
流行を創った人　中原　淳一
海外・トピックス
視聴をあつめる
私は伊太利で和服ばかりを着ていた　香川　京子
僕のことあれこれ　旗　照夫
私は長い髪をこんなふうにまとめる　重山　規子
僕の描いたプリント　水野　正夫
短篇小説集・結婚指環の行方
　二つの結婚指環　吉行淳之介
　歩道にて　藤原　審爾
遠き日の指環　中村　正常
ゆかたどれす　中原　淳一
髪をつける　中原　淳一
雨の詩　鮎川　信夫
Sandal　中原　淳一
我が家の夏の即席料理　諸　家
一つの型紙からこんなにいろいろ出来る　中原　淳一
住居
ハワイのきもの―ドリーン・山下さんの衣裳拝見―
あるスクリプターの生活
絵をかざる　中原　淳一
私はインディアン　水野　正夫
子供のきもの　中原　淳一
アップリケのある所　水野　正夫
特集・仕事と愛情に生きた女性たち　阿部　艶子

私の服は叔父さまのデザイン　中原美紗緒
和服を直線の美しさで着る　中原　淳一
門とポスト—森田たま御夫妻の新しい試み—　片山　龍二
さわやかな木綿の装い　芦田　惇
私はこんなふうにしている—働く人の夏の服装計画—
ミュージック・メイカーのはなし　野川　香文
夏を愉しく美しく　牛山喜久子
日本の女性にぜひ聞いて貰いたい海外の話　諸　家
電波のあしあと三十年

それいゆ
女性のくらしを新しく美しくする
1955
AUTUMN
NO.35

1955年8月号　No.35

特集・結婚前夜

表　紙　中原淳一
カット　鈴木悦郎・高橋　秀
　　　　大内　勲
写　真　東　正治

それいゆ・ぱたん　中原　淳一
特集・結婚前から結婚後へ
　一生の見通し　阿部　知二
　生活の設計　石垣　綾子
　二人の愛情　串田　孫一
　肉親に対して　田中　峰子
　交際　阿部　艶子
　住居　塩川　旭
　服装計画　藤川　延子
　家計　秋山ちえ子
　趣味趣向　渋沢多歌子
特集・婚歴をたどる—新婚から金婚まで—
三通りに着る花嫁衣裳　中原　淳一
二人の住居は二間だけ
　仲谷昇・岸田今日子夫妻　志摩夕起夫・森山玲子夫妻
あまいそよ風にみちて—森早苗さんの新居訪問—
昔の結婚生活と今の結婚生活　円地　文子
美しい暮しからはみ出した若妻の話（愉しく新しく・24）　中原　淳一
嫉妬心の功罪　諸　家

最近の言葉から—その7
「第三の新人」の文学　十返　肇
秋のあしおと　中原　淳一
それいゆテーマ短篇小説・結婚前後・婚約期　中里　恒子
初秋を彩る　杉野　芳子
秋の詩　金子　光晴
初秋はスエーターとスカートの季節　中原　淳一
私のフルーツ料理　諸　家
一番簡単に作れる和服　中原　淳一
レースとサテンを組み合わせたウエディング・ドレス
私達のくらし　大内　順子
私の髪のこと　高峰三枝子
はりばこ　水野　正夫
結婚—犬丸一郎・伊津子夫妻の場合—
現代の横顔拝見
二人はこんなふうに暮している
美しく澄んだ青空の下で—八千草薫さんの衣裳拝見—
荘村のママさん
四つに色分けした椅子を作る　根上　淳
円形で作る帽子　長谷川千代子
黄色い服　松島　敬介
エプロン　中原　淳一
贈りもののエチケット　松本　恵子
部屋の中をたのしく　中原　淳一
秋の恋人たちに贈る　内藤　瑠根
田中希代子さんの五年間の留学のアルバム
僕はスエーターとシャツで歌う　高　英男
一番安い食器をたのしむ　中原　淳一
ミス・ユニバース　ヒレヴィ・ロンビン嬢を訪ねて
新しい七ツ道具　壬生　瑛子
海外を旅行して始めて気が付いた日本の良さ　諸　家
特集・新婚生活へ四十五問

1955年11月号　No.36

特集・暮しとおしゃれ

表　紙　中原淳一
カット　鈴木悦郎・高橋　秀
　　　　大内　勲・新町真策
写　真　東　正治

私のおしゃれ考―特集―
　串田孫一・江利チエミ・高見順・高峰秀子
　石垣綾子・三岸節子・佐田啓二・森繁久弥
それいゆぱたーん（色彩研究）　中原　淳一
色彩のこと―愉しく新しく・25―　中原　淳一
暮しの手引き
冬のしたく　中原　淳一
男の部屋―根上淳・宮城淳さんの部屋―
九坪半にこんなに愉しく住む―高橋豊子さんの住居拝見―
藤沢嵐子さんのきもの
この掌　諫川　正臣
生活の中のお洒落の意義　古谷　綱武
クリスマスをめぐって　諸　家
最近の言葉から―その8―
新聞小説というもの　瀬沼　茂樹
おしゃれ随想　諸　家
二つの新しい星
ネッカチーフのこんな被り方は？　内藤　瑠根
丘の上の白い柵の家―橋爪四郎さんの新居を訪ねて―
積木のような洗濯ばさみ　中原　淳一
フェルトで出来る簡単な手芸
形のいいスラックスを作りましょう
オーバー・スーツ・ワンピース　中原　淳一
我が家のだんらん料理　諸　家
紐を飾る髪　中原　淳一
それいゆテーマ短篇小説集
　薔薇の芽　永井　龍男
　朝のヒヤシンス　阿部　艶子
木綿の会
帽子は何度でも作り替えられる　ジャン・ディゲー
演劇一筋に生きる　演出の仕事に進む長瀬敏子さん
魚のある手芸　エキグチ・クニオ
毛糸のきもの
花を持つ少女（手芸）　松島　啓介
家中のタオルと歯ブラシ　中原　淳一
こんなクリスマス・プレゼントは？
　①紙コップとラシャ紙で作る　松島　啓介
　②ラシャ紙と小ぎれでつくる　新町　真策
　③マッチの空箱でつくる　内藤　瑠根
お弁当の研究　吉沢　久子
フェルトで作る手芸・作り方
暮しの研究―鍋―　片山　龍二
ストールはやわらかな線の流れる女らしさ　中原　淳一
菊の香によせて―このごろの伊東絹子さんのきもの拝見―
帯のついたスカート　中原　淳一
イタリーの想い出　丸岡　明
娘時代　平林たい子
新しい寝具
美しい歯と美しい人　野口　俊雄
化粧品の功罪　高賀富士子
東京0番地―ブック・レヴュー―　吉村　忠夫
戦後の映画主題歌から　野川　香文

1956年1月号　No.37

特集・だんらん

表　紙　中原淳一
カット　高橋　秀・内藤瑠根
　　　　大内　勲
写　真　東　正治

それいゆ・ぱたん（配色の研究・その2）　中原　淳一
特集・だんらんを語る
　岸恵子・中村メイコ・井上靖・旗照夫
　森田元子・三船敏郎・曽野綾子・別所毅彦
特集・だんらんのために
　家庭の団欒について　串田　孫一
　或る茶の間の話　中原　淳一
だんらん生地株式会社　中原　淳一

だんらん珍語遊び
春が来た―安西郷子さんのドレスを作り直す　中原淳一
空缶でこんなものが出来る　新町真策
男のチロルハットは春の帽子　中原淳一
マッチ箱とボタンで作る汽車　エキグチ・クニオ
合理的に工夫された豊吉さんの家
美那子のための記録　中村伸郎
会話の中の愉しさ―愉しく新しく・26―　中原淳一
サマーセット・モーム―人と作品―　西村孝次
新しい言葉―その9―
映画に現れた各国のだんらん　小森和子
祇園の舞子　平井房人
河童のいる新居―柳沢真一さんのコレクション拝見―
着古したタイトスカートで出来るもの
1　帽子と手袋とスパッツ　宮内裕
2　ショッピング・バッグ　松島啓介
3　部屋ばき　酒井つや子
4　子供の帽子とマフ　内藤瑠根
イヤリング―暮しの研究・その2―　中原淳一
衣裳箱　松島啓介
一つの型紙で出来る　中原淳一
テーマ短篇小説
紅いチューリップ　芝木好子
団欒の危機　耕治人
二人の或る日曜日　秋元啓一さんと大季久乃さん
三通りに着ましょう　二人のスエーター　中原淳一
白い百合の香る部屋　樺山紀一氏・有多子さん御夫妻の生活
ネクタイ談議
石浜朗・高野三三男・尾上松緑・芦野宏
冬の陽ざしの中のマコちゃん―北原三枝さんの衣裳拝見
春の子供　松島啓介
ネクタイの知識　三木晶
ネクタイは一番手軽に作れるもの　中原淳一
前髪　中原淳一
家庭用品のはなし
裏街にて　鮎川信夫
缶詰の研究
だんらんに寄せて―七組の家庭の場合―
わずかな費用で愉しむ毛皮　中原淳一
春のスカート集　中原淳一
花を活ける額縁　片山龍二

リベラーチェを御存知ですか?　岩崎洋
化粧品の功罪　高賀富士子
悪妻について思うこと　田宮虎彦
それいゆ十年の歩み
グラビア89・90頁の型紙

1956
NO 38

1956年4月号　No.38

特集・恋愛

表紙　中原淳一
カット　鈴木悦郎・高橋秀
清浦ちづこ・大淵陽一
大内勲・新町真策
谷口栄二
写真　東正治・阿部正二
柳谷次男

それいゆぱたーん　中原淳一
恋愛について思うこと―特集―
雪村いづみ・畔柳二美・川崎秀二・山本健吉
月丘夢路・フランキー堺・笹田和子・根上淳
新しい恋愛倫理のために
阿部知二・矢代静一・小堀杏奴・石井桃子
若い人への贈りもの　杉野芳子
東京の街にパリを探ぐる　高英男
たのしいいきもの　中原淳一
毛糸で作ったイヴニングドレス　林春子
恋愛寸言コント
梅田晴夫・城夏子・保利祥子
恋愛すると美しくなるというのは本当か　中村敏郎
台所の科学　沼畑金四郎
恋愛を一そうしあわせにするもの―愉しく新しく・27―　中原淳一
それいゆ映画紹介―リチャード三世・理由なき反抗―　二宮佳景
若い人の髪―男性美容師による―
林勝男・寄国中二・瀬川迪夫
清艶な人魚姫と可燃な白雪姫
原田良子　七浦弘子さん姉妹の衣裳拝見
サンドイッチ　飯田深雪

一八〇〇枚のれんがと円型の座席—神西清氏の書斎と応接間—
男性へのプレゼント
1　デニムの前掛けとミットン　エキグチ・クニオ
2　春の日のためのチョッキ　中原淳一
3　ネクタイとサスペンダーのアンサンブル
内藤瑠根
4　ボタンで作るカフスボタン　中原淳一
あじさい娘—人形—　松島啓介
三つの恋愛詩　鮎川信夫
恋愛百科—よりよい恋愛をはぐくむために—
額ぶち　松島啓介
桜の国のこどもたち—卵で作るこけし—　内藤瑠根
子供のきもの　中原淳一
それいゆテーマ短篇小説
栞（しおり）　小山清
重ねた手の間に　円地文子
花の季節にいろどる—26通りに着るドレス—　中原淳一
椅子（いす）—暮しの研究・その3—　吉永淳
ギャザスカートは前髪・タイトスカートは引つめた髪
中原淳一
食卓に季節を彩る果物—いちご・夏みかん—
小さな恋人たちのアップリケ図案集　内藤瑠根
特集・男のすべて
未婚男性調査
フランス文学から拾った三人の男性　鈴木力衛
男性エンマ帖
沢村貞子・田中澄江・福島慶子・松田ふみ子
男の一生をさぐる
青野季吉・石原慎太郎・遠藤周作
安岡章太郎・佐藤弘人・菅原通済
職業によって作られる男性のタイプ　飯沢匡
東西スターから見た男性のタイプ　門川美代子
男性的な魅力というもの　渋沢秀雄
春を持つひと—西　牧子さんをお訪ねして—
合理的に晴着をきる　中原淳一
ビール箱で作る家具　片山龍二
ネグリジェ—裏のない暮しのために—　中原淳一
革をアクセントにしたスカート　若原博之
魚河岸（カメラ・ルポルタージュ）
それいゆ読書案内　田村隆一

磨き方の研究　沼畑金四郎
ときものをする時のために　金子一子
サンドイッチ—作り方—
若い人への贈り物—作り方—
ネグリジェ—作り方—
ぱたーん—作り方—
毛糸のイヴニング—作り方—

それいゆ
女性のくらしを新しく美しくする
特集
1956
6月
NO.39
附録　手芸実物大型紙

1956年6月号　No.39

特集・女の幸福

表紙　中原淳一
カット　鈴木悦郎・高橋　秀
大淵陽一・大内　勲
谷口栄二
写真　東　正治・柳谷次男

それいゆぱたーん　中原淳一
特集　幸福
武者小路実篤・小夜福子・石浜朗・小林桂樹
中村汀女・林光・中原美沙緒・左幸子
女の幸福
丸岡秀子・石垣綾子・中川暢子・柳原白蓮
夏の日　中原淳一
現代未婚女性は何に幸福を求めているか　評・串田孫一
幸福の種類　清田信
有馬稲子
対談　もう一人の有馬稲子さん
平林たい子
七彩の花の女王—淡路恵子さんの衣裳拝見—
工夫と趣味に満ちた山内雅人さんの家
ゆかた　中原淳一
三百円の帽子があなたの夏を飾る　中原淳一
手芸は作り上げるよろこび
松島啓介・内藤瑠根・エキグチクニオ
ボタンを飾る　松島啓介
お百姓の麦藁帽子で帽子とバッグを作る　中原淳一
手芸の作り方
それいゆ読書案内　田村隆一
僕の人生案内—日本で初めての男性解答者の弁—　木々高太郎

NDC1956年春から夏のファッションショウ　中原　淳一
ペチコート
カップ―暮しの研究その4―
三つのプラン　十坪住宅の実験室
塩川旭・浜口ミホ・中善寺登喜次
食卓に季節をいろどるくだもの　不室　直治
季節のくだものをデザートに　飯田　深雪
エプロンは夏のホームドレス　中原　淳一
生野菜をいただきましょう　諸　家
三つの水のうた　鮎川　信夫
それいゆ短篇小説
従姉　大谷　藤子
別離　畔柳　二美
母と娘　舟山　馨
銀座　カメラルポルタージュ
パリの風景の中で　巴里の画家荻須高徳氏夫人の衣裳拝見
話題の人　三迫仁志さん　荻村伊智朗さん
ストール　新町　真策
ギャロップにはずむ青春　―川崎節子さんの乗馬日記―
針金の工作のアイデア
PRETTY COTTON BLOUSES
それいゆ映画紹介　黄金の腕・ヘッドライト　二宮　佳景
夏を美しく　愉しく新しく28　中原　淳一
女性に読まれだした推理小説　中田　耕治
現代青春におくる
石原慎太郎・阿部艶子・檀一雄
池田潔・望月衛
ママと私の生活経験　耕　よし子
ルイ・アームストロング―生きているジャズ史―　伊藤　尚志
言葉のアンテナ
夏の日　製図作り方
付録・手芸実物大型紙

それいゆ
女性のくらしを新しく美しくする
特集 新しい世代
NO.40
1956
8

1956年8月号　No.40
特集・新しい世代
表紙　中原淳一
カット　鈴木悦郎・渡辺和子
高橋　秀・村上芳正
大淵陽一・大内　勲
谷口栄二
写真　東　正治・柳谷次男

それいぱたーん　中原　淳一
特集　新しい世代
山田真二・五十嵐喜芳・高野耀子・谷洋子
武井義明・芦川いづみ・仲代達矢・石原慎太郎
新しい世代の方向
串田孫一・奥野健男・日高艶子・野間宏
秋近く　中原　淳一
亜麻色の髪の少女―（人形）―　松島　啓介
デザインの感じは色や柄で変る　中原　淳一
ミルクの研究
ミルクを使った料理　吉沢　久子
新しい女性の言葉の美しさ
田中千禾夫・阿木翁助・竹本員子・森田たま
愉しく新しく―その29　中原　淳一
記録映画ブームは果して偶然か　津村　秀夫
言葉のアンテナ
黒い花の花弁のような―高峰秀子さんのドレス拝見
本の修理は誰にでも出来る　中原　淳一
私の七人の恋人を語る
佐田啓二・若尾文子・池部良・北原三枝
エプロンは家庭着のアクセサリー　中原　淳一
DRESS LIST　吉村　祥
巴里に帰る荻須夫人にドレスを贈る　中原　淳一
ジャン・マレエ　村上　芳正
和服を新しく解釈する　中原　淳一
女性が煙草を喫う場合に（女性喫煙者実態調査）
杉靖三郎・山野愛子・大宅壮一
世話物の魅力　宇野　信夫
曽野綾子・江利チエミ・三木のり平・雪代敬子
矢代静一
誰にでも出来るおいしく重宝な漬もの

ベルトの位置をたのしむ　中原　淳一
ナフキンリングにもなるエッグスタンド　内藤　瑠根
秋のはじめの街着　酒井　艶子
女一人三畳に住む
八月は黄色い宵待草を壁に飾る　新町　真策
暮しの研究・その5　タイト・スカート　中原　淳一
うちではこんなお酒の肴を　諸　家
三つの旅情のうた—詩の鑑賞　鮎川　信夫
ペットをアップリケしたクッションと二つのおすまし着　内藤　瑠根
ねまきとまくら　中原　淳一
空箱で状差をつくる　松島　啓介
食卓に季節をいろどる果物—梨・葡萄—　不室　直治
梨とぶどうのデザート　飯田　深雪
子供のきもの—八月から九月にかけての—　中原　淳一
それいゆテーマ小説
草入水晶　桂　芳久
セレソ・ローサ　松井　俤子
翼　三谷茉沙夫
意地っぱり　深井　迪子
鸚鵡　小沼　丹
空の旅に立つお二人の旅行鞄拝見
（根上淳さん・黒田美治さん）
生活をたのしくする一つのテクニック　片山　龍二
リゾートのたのしさをつくる木綿のきもの　宮内　裕
医学と芸能と二つの道を行く女性
（河上敬子さん・三条三輪さん）
1956　外車のスタイルブック
アップリケのスカート　松島　啓介
それいゆ映画紹介
空と海の間・灰色の服を着た男　二宮　佳景
せんたく　上田　柳子
それいゆ読書案内　田村　隆一
話題の人
ロングランを続けるミュージカル・プレイ　伊藤　尚志
サラ・ディーン（連載第一回）
私の推薦するレコード（アンケート）
それいゆ・ぱたーん　製図作り方

1956年10月号　No.41
特集・結婚

表　紙　中原淳一
カット　鈴木悦郎・高橋　秀
森田元子・桜井　悦
山内豊喜・新町真策
谷口栄二
写　真　東　正治・柳谷次男
阿部正二

それいゆぱたーん　中原　淳一
雛の弁
舟橋元・石原慎太郎・上野泰郎・遠藤周作
宮内裕・醍醐敏郎・北村和夫・中村純二
特集　結婚するB・Gのために
その1
彼女達こそ新しい結婚の幸福を作る妻に　石垣　綾子
精神的な台が立たなければ　渋沢　秀雄
その2
手記の1　未婚男性は働く女性の結婚についてどう思うか
手記の2　かつてB・Gであった夫人の意見
手記の3　適齢期の息子をもつ母親はどう考えるか
その3
未婚B・Gエンマ帖
大久保泰・中村武志・秋山ちえ子・門川美代子
レコード新譜紹介（アンケート）
秋のあしおと　中原　淳一
リボンをむすぶ少女　松島　啓介
秋は瓶のランプに灯をともす　新町　真策
子供の晴れ着—七五三やお正月のために　中原　淳一
こんなときお宅ではどんなふうにしていますか
—児童心理からみた子供の生活—　玉井　収介
言葉のアンテナ
食卓に季節をいろどるくだもの—林檎・柿—　不室　直治
飯田　深雪
愉しく新しく・その30　中原　淳一
黒と紫が一番好きとおっしゃる—南田洋子さんの衣裳拝見
木ビーズが部屋を彩どる　中原　淳一

私はこんな人にこんな事を聞いてみたい
岸恵子・芥川也寸志・宮城まり子
ふたりの棚　片山　龍二
一着で式と披露とに着られるウエディングドレス　中原　淳一
落葉敷く秋はスーツの季節　解説・中原　淳一
それいゆテーマ小説
燃やす　沢野　久雄
求婚　保利　祥子
月夜のリンゴ　楠田　芳子
食用油の研究
帰って来た二木まり子さん
壁を飾るこころみ　内藤　瑠根
こんなウエディング・パーティはいかが　飯田　深雪
ベレーは気軽にかぶる　中原　淳一
暮しの研究・その6　結婚の贈りもの　片山　龍二
散文詩集―詩の鑑賞―　鮎川　信夫
残り毛糸でししゅうする　松島　啓介
結婚百科
コンプレックスについて　南　博
新婚生活一年生の家庭メモ　清田　信
それいゆ読書案内　田村　隆一
嫁としゅうとめに与える41人の主婦の意見　諸　家
秋の子供服　中原　淳一
自分で結える花嫁の髪　中原　淳一
二人の若いジャズシンガーのすべて
武井義明・滝譲二
フェルトのスカート　中原　淳一
IVY LEAGUE STYLE―一番新しい
男性のスタイルはアイヴィ・リーグ　吉村　祥
校長先生の衣裳拝見・その1―広島高等洋裁学院―
海見綾子さんの色彩感覚をまなぶ
結婚する人のための小住宅の研究　岡本　敦
水田地帯・白鯨―それいゆ映画紹介　二宮　佳景
話題の人・No.2
愛読者のページ
サラ・ディーン（連載第二回）
こんなウエディング・パーティはいかが―作り方
それいゆ・ぱたーん・他製図作り方

それいゆ
おしゃれ特集
NO.42
1956
12

1956年12月号　No.42
おしゃれ特集

表　紙　中原淳一
カット　鈴木悦郎・高橋　秀
　　　　新町真策・大内　勲
写　真　東　正治・柳谷次男

それいゆぱたーん　中原　淳一
おしゃれ考現学八項
雪村いづみ・伊東絹子・旗昭二・西塚庫男
牛山喜久子・木暮実千代・杉村春子・藤原あき
冬の夜に贈る話のプレゼント
五味康祐・新藤千恵・村野四郎・戸塚文子・井上靖
斉藤愛子・窪田啓作・岡部伊都子・阿部知二
言葉のアンテナ
お正月料理の研究　汐田　美樹
冬をいろどる　中原　淳一
花を摘む少女（人形）　松島　啓介
こうしてオーバーを幾通りにも着る　中原　淳一
エキゾチックな情熱の花
―近藤忠子さんのおしゃれスタイル―
障子とふすま　中原淳一・片山龍二
夫妻のおしゃれくらべ
その1　ビンボウ・デイナウ氏　淡路恵子さん夫妻
その2　宮内裕氏・大内順子さん夫妻
コートと共布でミトンをつくる　新町　真策
ハンドバッグ七つ道具・おしゃれノート　高賀富士子
愉しく新しく　その31　中原　淳一
それいゆ短篇小説
薔薇と百合　耕　治人
私は美しくない　中里　恒子
街角　結城　信一
不室　直治
食卓に季節をいろどる果物―みかん・レモン　飯田　深雪
私のアイディアを生かした髪
山田真二・野添ひとみ・伊東茂平・西崎緑
中原淳一・佐分利信・美空ひばり
高橋豊子さんの暮しのおしゃれ

むらさきを着るひと——西川あやめさんのきもの拝見
暮しの研究—その7　靴
僕の実験ルーム—その1
風呂の湯をさまさない工夫　片山　龍二
三つの冬のうた—詩の鑑賞—　鮎川　信夫
蘭とカイウの印象　パリファッション界のピカソ　バレンシアガ
内藤　ルネ
煉瓦のアートル　新町　真策
手袋のおしゃれ　中原　淳一
鏡のおしゃれ　松島　啓介
おしゃべりが語る頭の良さ悪さ　桶谷　繁雄
B・B・S会員の三つの記録　感想・畔柳　二美
それいゆ映画紹介—黒い牡牛・ボワニー分岐点　二宮　佳景
杉の葉会のひとびと
マグネットスタイルのシャポオとバケツバッグ
内藤　ルネ
ロマンスグレーをたたえる
菅原通済・八田一朗・亀井勝一郎・川崎秀二
高野三三男・北園克衛・菅原卓
アップリケはテーブルのよそおい　新町　真策
こんな帽子はこういうときに
本のかたちのブックエンド　松島　啓介
冬の夜は中華風の鍋料理で暖かく
完成された娘時代を生きる—高橋佐知子さんの一週間
特殊薬効化粧品はこうしてつかう　中村　敏郎
話題の人　Ⅲ
ムード・ミュージックと
映画音楽の最近のヒット盤をめぐって　野口　久光
新年を迎える支度—結婚生活一年生の家庭メモ
清田　信
サラ・ディーン（連載第三回）
それいゆ読書案内　田村　隆一
冬をいろどる・他製図・作り方

1957年2月号　No.43
特集・男らしさ女らしさ
表　紙　中原淳一
カット　鈴木悦郎・高橋　秀
新町真策
写　真　東　正治・柳谷次男

それいゆぱたーん　中原　淳一
早春のうた　中原　淳一
ミミ　松島　啓介
四人姉妹　中原　淳一
牧童チーフ　新町　真策
ラシャ紙で作る　内藤　瑠根
ピン　松島　啓介
三つの早春のうた—詩の鑑賞—　鮎川　信夫
不室　直治
食卓に季節をいろどるくだもの　飯田　深雪
エイティーン—写真物語—　遠藤　周作
特集　男らしさ女らしさの研究
A　〝男らしさ　女らしさ〟という言葉のゆくえ
B　理想の男女性と現在の男らしさ・女らしさは
一致するか
C　四つの角度と年齢別の〝らしさ〟の相違をさぐる
調査　社会心理研究所
附　話題の文芸作品に描かれた男女8のタイプ
光をさしまねく早春の白鳥のような
—司葉子さんの衣裳調べ—
それいゆブラウス　中原　淳一
役の中から
その1　森　雅之
その2　高峰　秀子
冬から春へ生れ変る Sweater
愉しく新しく　その32　中原　淳一
それいゆ短篇小説
余った女　有馬　頼義
喫茶店の片隅で　阿部　艶子
愛のめばえ　芝木　好子
クロスワード・パズル
私はきものをデザインするのが好き

籠　—木暮実千代さんの和服拝見—　中原　淳一
暮しの研究—その8—　鋏　中原　淳一
デザイン研究　柄と形　内藤　瑠根
ベレーと手袋をコンビにする　中原　淳一
髪
それいゆ音楽手帖
ジャズ　デーヴ・釜范
シャンソン　高　英男
ウエスタン　黒田　美治
クラシック　五十嵐喜芳
夢の中で生れ夢の中に死ぬことのできた男　—ジェームス・ディーン—　鮎川　信夫
アメリカで家庭を持った娘との往復書簡　—中里恒子さんの母娘通信—
障子のスクリーン　—480円の障子2本で作る　洋室にも和室にも向く—　片山　龍二
映画スターに見る男らしさ女らしさ　—美男美女の系譜—　荻　昌弘
可愛らしい写真入れ　新町　真策
めくるめく銀座を彩る新進デザイナー　—渡辺和美さんの既製服を見る—
お雛さま　松島　啓介
彼は誰れ？
僕の実験ルーム—その2　ぼるしち　片山　龍二
札幌と東京を結ぶ浅井淑子さん　—洋裁学校校長先生の衣裳拝見—
BEAUTY BOX　新町　真策
花々に甦る春の帽子を　中原　淳一
別居でも同居でもない新生活　—橋爪伸・光子御夫妻と氏家寿子さんの場合—
レコード新譜紹介
それいゆ読書案内　田村　隆一
話題の人　Ⅳ
サラ・ディーン（連載第四回）
芯地のはなし
早春のうた製図・作り方
お雛さま作り方

それいゆ
NO44
1957
4

1957年4月号　No.44
特集・美しき青春
表　紙　中原淳一
カット　鈴木悦郎・高橋　秀
内藤ルネ・新町真策
写　真　東　正治・柳谷次男

それいゆぱたーん　中原　淳一
青春讃歌
宝田明・中村雅子・藤田元司・浅利慶太
原田康子・朝汐太郎・朝丘雪路・羽鳥永一
特集　より美しい青春をおくるための96の鍵　諸　家
夏のプレリュード　中原　淳一
バラ色の桜の花と白いリンゴの花　松島　啓介
ゆかた　中原　淳一
チャーミング・メモ　青春よこんにちは　内藤　ルネ
スタイル画をかきたいひとへ　中原　淳一
僕の実験室　不安のないサンダル　片山　龍二
ピクニック特集
ピクニック・メモ
ピクニック・ランチ　飯田　深雪
ピクニック用品買物帖
理知的なニュアンスで囁く美しいひと　—NHK荻野美代子アナウンサーの仕事と生活—
光の中に咲くシャスターデジー　—青春のひと　中原美沙緒さんの衣裳拝見—
恋愛論の解釈　—恋愛観と実際の恋愛とはどういう関係があるか—　堀　秀彦
青春名作小説ダイジェスト
三四郎・狭き門・嵐が丘・若きヴェルテルの悩み・オネーギン・破戒・赤と黒・エデンの東・テス・息子と恋人
愉しく新しく　その33　中原　淳一
和服を、洋服のような感じで軽く着たい　とおっしゃる草笛光子さんのきものから
古いテーブルと椅子にタイルを貼って庭を彩る　片山　龍二
暮しの研究—その9—ネクタイ

デザイン研究　プリント模様はこんな事に気をつける　中原　淳一
三つの青春のうた　自信・情熱・苦悩―詩の鑑賞―　鮎川　信夫
それいゆテーマ小説
見知らぬ町　福永　武彦
春のあらし　石井　桃子
夜の花売娘　井上友一郎
働く女性の衣裳調べ　大石尚さんの場合
京鹿子娘道成寺
食卓塩の空瓶を素材にして小物入れをつくる　中原　淳一
青春はどんなところに息をしているか　文・畔柳　二美
おしゃれなエッグカップ　内藤　ルネ
エレガントなコートとワンピース
美貌への可能性
彼はたれ？
それいゆブラウス　中原　淳一
母娘通信第二回　育ちゆく喜びの世界と友人の死に沈む　中里　恒子
世界
話題の人
あらたな道をゆく大内順子さんにきく
聞き手　中原　淳一
サラ・ディーン（連載第五回）
それいゆ読書案内　田村　隆一
くまどりのはなし　鳥居　忠雄
ピクニック・ランチ作り方
夏のプレリュード作り方
ラシャ紙をテーマにした手芸　内藤　瑠根
子供のアップリケ　松島　啓介

1957年6月号　No.45

特集・愛情のあるくらし

表　紙　中原淳一
カット　鈴木悦郎・高橋　秀
　　　　内藤瑠根・伊藤　明
写　真　東　正治

私のくらしの中の愛情のポイント
有馬稲子・佐田啓二・町春草・吉川英治
山本富士子・宮城音弥・石井好子・柳沢真一
特集　愛情のあるくらし　鶴見　和子
愉しく新しく　その34　中原　淳一
井戸端会議の反省
話題の人
おしゃれルポルタージュ―第一回―アクセサリー
いま私はこんな装いが好き　大内　順子
江利チエミ・高島忠夫・八千草薫
杉村春子・伊東絹子・高英男
マカロニとスパゲット　飯田　深雪
愛情のあるくらしのための百科
恋愛論の解釈―連載エッセイ第二回―　堀　秀彦
永遠不滅の恋ははたして存在しうるや？
夏のくらしの中にいろどる　中原　淳一
ジュディ（人形）　松島　啓介
丸い花をアップリケする　内藤　瑠根
バッグ　松島　啓介
マカロニの研究
それいゆテーマ小説
汽車ポッポ　有吉佐和子
雨の宿　結城　信一
薔薇の挿木　尾崎　一雄
真珠のように静かに輝くひと
ミス・ユニバース候補日本代表　大谷享子さんをたずねて
海のプリズム　中原　淳一
お菓子の缶によるアイディア　中原　淳一
暮しの研究―その10―ブラシ
三つの生活のうた　鮎川　信夫
チャーミングメモ　おもしろい顔　内藤　瑠根
布と空箱　内藤　瑠根
働くひとのきもの―鯨岡阿美子さんの場合
〝仲よし〟のクッション　松島　啓介
これぐらいの帽子ならかぶれる
エレガントな小物入れ　新町　真策
明るい合理性のつくるくらしの喜び
佐藤明・邦枝恭江御夫妻の場合
僕の実験室―その4―子供のスケール　片山　龍二
花燃ゆる美しい夏の季節に

彼は誰れ？
対談　ハワイでの蜜月旅行《ハネムーン》を松田和子さんに聞く　大内　順子
ボタン
母娘通信第三回　こころに蓄えられている過去の姿　中里　恒子
続その人を語る
1山田真二　2芥川比呂志　3三橋美智也
4森繁久弥
サラ・ディーン―連載第六回―　キャスリン・ギャスキン
それいゆ読書案内
マカロニ料理の作り方　飯田　深雪
夏のくらしの中にいろどる　作り方
エレガントな小物入れ　作り方　新町　真策

特集
婚約時代
NO46
1957
8

1957年8月号　No.46

特集・婚約時代

表　紙　中原淳一
カット　高橋　秀・内藤瑠根
新町真策・松島啓介
伊藤　明
写　真　東　正治

花婿推薦
市川雷蔵・広岡達朗・小林利守・旗昭二
ジェームス繁田・近本英一・大石総一郎・佐藤昭信
婚約時代を美しく充実したものに
串田孫一・藤川延子・吉沢久子・田中澄江・松本恵子
壬生瑛子・秋山ちえ子・柴岡治子・阿部艶子・氏家寿子
テレフォン・アンケート
未婚男性一一三人に理想の女性の条件を聞く
期限つき恋愛の可能性について
恋愛論の解釈　連載第三回　堀　秀彦
晩夏　中原　淳一
赤い服のジャネット（人形）　松島　啓介
スタイル画をかきたいひとへ―その2―　中原　淳一

婚約名作小説ダイジェスト
永すぎた春・女の学校・風立ちぬ
ピエールとリュース
残り布にアップリケして部屋のアクセサリーにする　松島　啓介
九月をこうして美しく―愉しく新しくその35―　中原　淳一
話題の人
デパートの既製服―おしゃれルポ　第二回―　大内　順子
婚約時代を語る
柳沢真一・池内淳子・吉田治雄・・大川靖子
小山田宗徳・楠侑子・中島明子・遠入昇
ダークダックスパレード
それいゆ短篇小説集
やさしい傷　大原　富枝
秋の中にいる女　小沼　丹
愛の日日　中里　恒子
パリ女子留学生　芹沢光治良
愛と真実のみのり多き婚約の日々　関根　郁子
清楚な装いに女らしいニュアンスの匂うひと
新婚の津島恵子さんをたずねて
ランプ・シェード　新町　真策
美しいネグリジェは私のゆめをいろどる
司葉子さんはネグリジェを集めています
気軽なシャツがぼくのくらしをいろどる
シャツスタイルの好きな宝田明さん
キャンバス・バッグ　松島　啓介
新しい台所用品―暮しの研究その11
三つの秋のうた―詩の鑑賞―　鮎川　信夫
香辛料の研究　飯田　深雪
がらくたぽーてい―僕の実験室―　片山　龍二
花咲くその日を待つひと
ワイシャツを着こなす　酒井　艶子
ひとすじの道をゆくひとびと
真山美保さんと劇団新制作座
美しくきびしい美の使徒のくらし
プリマバレリーナ　マリア・タルチイフのすべて
はたらくこととおしゃれが好き
江の島海浜ホテルの奥さま甘糟智恵子さんをたずねて
長い髪をこんなふうにまとめる　中原　淳一
彼はたれ？

ヨーロッパから帰って来た大谷洌子さん　聞く人　大内　順子
女のひとがお酒の席に出た場合に
石垣綾子・江上フジ・沢村貞子・曽野綾子・江川エマ
戸塚文子・日高艶子・松田ふみ・宮城まり子
杉靖三郎・メイ牛山
最近の結婚からみた六つのグラフ
それいゆ愛読者カード調査から
それいゆ読書案内　中田　耕治
サラ・ディーン―連載第七回―　キャスリン・ギャスキン　福島正実訳
「バッグ」アップリケ型紙
「晩夏」作り方

1957年10月号　No.47

特集・もっと美しくなるために

表　紙　中原淳一
カット　鈴木悦郎・高橋　秀
　　　　内藤瑠根・新町真策
　　　　松島啓介・伊藤　明
写　真・東　正治・柳谷次男

美しさをつくる八つの知恵
石垣綾子・淡路恵子・串田孫一・藤川延子
原田良子・吉村公三郎・和田夏十・高橋とよ
海外おしゃれの話題　大内　順子
特集　あなたはもっと美しくなれる
伊藤道郎・牛山喜久子・高賀富士子・杉靖三郎
杉野芳子・杉村春子・竹腰美代子・中原淳一
中村敏郎・名和好子・原田良子・メイ牛山
山野愛子
秋深く―ファッション―　中原　淳一
原っぱであった子―人形―　松島　啓介
スタイル画をかきたいひとへ―その3―　中原　淳一
それいゆ短篇小説―新人特集―　岩橋　邦枝
　石崎　晴央
　瀬戸内晴美
　菊村　到

恋愛におけるファッション
恋愛論の解釈―連載第四回―　堀　秀彦
あなたはもっと美しくなれる
あなたのパーティの席は憧れのスターがきめてくれる　中原　淳一
タートルネックのスウェターはこうして着る　中原　淳一
美容院―おしゃれルポ第三回―　大内　順子
それいゆ読書案内　北村　太郎
きものは心のやすらぎくらしのよろこび
宮城まり子さんの和服拝見
ながく美しさを保つために地のしをしましょう　酒井　艶子
スリムなオーバーにストールをあしらう　中原　淳一
僕のガールフレンド
旗照夫・朝丘雪路・豊田泰光・筑紫まり
石浜朗・水野久美・若原一郎・石井千恵
葉山良二・左幸子・岡田真澄・岸田今日子
メートル法の完全実施　暮しの研究　その12
動物詩集―詩の鑑賞―　鮎川　信夫
季節のさかな　多田鉄之助
美人の推薦する美男
杉道助（高峰三枝子）　稲生平八（白川由美）
佐藤栄作（高橋敬緯子）　永田雅一（京マチ子）
北村喜八（淡路恵子）　芥川也寸志（岡田茉莉子）
中西清明（南田洋子）
秋の街をいろどるパリのきもの　マギー・ルフ
　メイゾン・エルメス
もっと美しくなるために私はこうしている
33人のスタアに聞くアンケート
荷づくり―僕の実験室―　片山　龍二
伝統の世界に新しい喜びを生きる美しいひと
安達瞳子さんの家元修業の日々から
一脚二五〇〇円の丸椅子五つでつくる
可愛いテーブル・セット　松島　啓介
ベルトがつくる五つの表情　酒井　艶子
彼はたれ？
新しい個性石原裕次郎さんに聞く　大内　順子
明るくたのしい忙しさのなかで
母娘通信　逗子―ニューヨーク　第四回　中里　恒子

サラ・ディーン　連載第八回　キャスリン・ギャスキン　福島正実訳
愛読者のページ
「秋深く」作り方
アップリケ型紙

1957年12月号　No.48

特集・よろこびのある暮しをつくる

表　紙　中原淳一
カット　鈴木悦郎・高橋　秀
新町真策・松島啓介
江口まひろ
写　真　東　正治・柳谷次男

それいゆ・ぱたーん　中原　淳一
仕事のほかのよろこび
三橋達也・司葉子・岩田専太郎・川端康成
浜村美智子・宮城まり子・フランク永井・ペギー葉山
特集　よろこびのある暮しをつくるための九項
石垣綾子・古谷綱武・秋山ちえ子
佐古純一郎・渋沢多歌子・飯田深雪
松田ふみ・氏家寿子・串田孫一
一着のきもので一生を着る　中原　淳一
よろこびのある暮し　中原　淳一
それいゆ歳時記
与えることと奪うことと　—恋愛論の解釈　その5—　堀　秀彦
プラスティックス製品のメモ
新しく和服を着るひとのために
雪村いづみさん　花のきもの
らんぷものがたり—斉藤達雄さんのコレクションから—
自分で結いましょう　はつ春の髪　中原　淳一
ジョー—人形—　松島　啓介
スタイル画をかきたいひとへ—その4—
自分で結いましょう　はつ春の髪（結い方）
それいゆ短篇小説
香代の誕生　耕　治人
エリヤの言葉　三浦　哲郎

待つ人　芝木　好子
出張　永井　龍男
カーテンの研究　片山　龍二
これくらいなら出来る冬の集い
これくらいなら出来るパーティのアイディア　飯田　深雪
スラックス　酒井　艶子
私は若いひとのためにこんな既製服をつくる　加藤　友彦
季節のさかな　多田鉄之助
三つの夜のうた—詩の鑑賞—　鮎川　信夫
暮しの研究—その13—スラックス　酒井　艶子
男の胸のあたり—男性のためのおしゃれノート　その1—　中原　淳一
エプロンは楽しい家でのおしゃれ　松島　啓介
子供の晴れ衣を合理的に考える　中原　淳一
カメラ・ルポルタージュ　あめや横丁　朝丘　雪路
贈られるひとのよろこびは贈るひとのまごころ　中原　淳一
海外おしゃれの話題　大内　順子
ビール箱はこんなにスマートに生れかわる　片山　龍二
彼は誰？
明るいスポーツマン歌手旗照夫さん　—結婚も早目にしたいという—　大内　順子
読書案内　北村　太郎
買物じょうず
人工的に暮しを飾っても内側がきたなくてはたのしくない—母娘通信・逗子—ニューヨーク・その4—　中里　恒子
話題の人
サラ・ディーン　連載第9回　キャスリン・ギャスキン　福島正実訳
「人形・ジョー」作り方　型紙
私は若いひとのためにこんな既製服をつくる　作り方
「エプロンは楽しい家でのおしゃれ」作り方・型紙

それいゆ
MEN
NO49
1958
2

1958年2月号　No.49
特集・男性研究

表　紙　中原淳一
カット　鈴木悦郎・高橋　秀
新町真策・松島啓介
江口まひろ・大島哲以
写　真　東　正治・尾崎一之助
山村公二・柳谷次男
片岡輝薫

それいゆ・ぱたーん　中原　淳一
日本映画に新しい個性をつくる八人の男性
川口浩・小林旭・佐藤允・高橋伸・江原真二郎
仲代達矢・石井龍一・石原裕次郎
男性研究　その1
男性は何故こんなふうなのか
大宅壮一・遠藤周作・河盛好蔵・串田孫一・望月衛
二人でたのしく　中原　淳一
赤毛の子　松島　啓介
スタイル画をかきたいひとへ　その5　髪　中原　淳一
季節の魚　多田鉄之助
男性研究　その2
小説に現われた男性　奥野　健男
現代名作の男性ダイジェスト
氷壁　人間の条件　仮面の告白　異邦人　雪どけ
自分の穴の中で　老人と海　二十五時
随筆　男というもの
秋山ちえ子・岡部伊都子・臼井吉見
福島慶子・森田たま・門田勲
ミュージカルスにかける青春　七光り三人娘
男もののスウェター　中原　淳一
のれん　内藤　瑠根
それいゆ短篇小説
黒い風　野沢　久雄
椿　幸田　文
秘密　田村泰次郎
それいゆ歳時記
男の群像　谷川俊太郎
若いひとのためのおよばれ着　渡辺　和美
雨の日のおしゃれ　加藤　友彦

栄光の道を行く青春のヒーロー
プロ野球界の一番新しい星長嶋茂雄選手
暮しの研究　その14　手袋　中原　淳一
三つの人を悼むうた　鮎川　信夫
春が来た　松島　啓介
沈黙の愛の世界　堀　秀彦
これだけは守ってほしい男性のエチケット
S・O・Sの八人の男性
世界で初めての男性モデルグループをつくるひとびと
海外おしゃれの話題　大内　順子
彼はたれ？
ここに陽をめざして伸びる路傍の草は
子持山学園の子供たちの生活
ウェスキット　酒井　艶子
男性のためのおしゃれノート　その2　中原　淳一
現代的個性の両極を行くふたりの魅力　岡田　真吉
アンソニー・パーキンスとロベール・オッセン
いちばん小さいモダン・リヴィング　片山　龍二
我が家のベッドにまさるものなし　中里　恒子
母娘通信　ニューヨーク―逗子　その6
読書案内　北村　太郎
サラ・ディーン　連載第10回　キャスリン・ギャスキン　福島正実訳
「二人でたのしく」その他　製図と作り方
のれん型紙

それいゆ
女性のくら
美しくする
特集　幸福な明日をつくる
NO50
1958
4

1958年4月号　No.50
特集・幸福な明日のために

表　紙　中原淳一
カット　鈴木悦郎・高橋　秀
新町真策・松島啓介
大島哲以・江口まひろ
写　真　東　正治・尾崎一之助
山村公二・阿部正二
柳谷次男

それいゆ・ぱたーん　中原　淳一
ずんどうのドレスを着ましょう
特集　幸福な明日のために

話題の人が語る明日の抱負
高英男・開高健・真野久美・淡路恵子
若乃花幹士・淡谷のり子・岡田謙三・松山樹子
小恍惚　小泉信三
明日の幸福をつくるための67章　諸家
より素晴らしく楽しくあるために　池田潔
女のしごとというもの
男と女がちがうからこその男女同権　古谷綱武
女のしごとと幸福になる条件　石垣綾子
その気にならなければ意味のない女のしごと　氏家寿子
夏にむかうよろこびの季節に　中原淳一
マリーちゃん　松島啓介
スタイル画をかきたいひとへ　その6　手と足　中原淳一
季節の魚　多田鉄之助
小旅行への誘い
どこかに不足のある生活—というていどが　中里恒子
母娘通信・逗子—ニューヨーク　その7
女性に関する寸言コント集
市川三郎・梅田晴夫・城夏子・保利祥子
写真物語　帰れタロウ　原田康子
サックドレス　酒井艶子
世界は決して広すぎない
日本を学びにスイスから来たシァプィー君
コーヒー袋でつくったアップリケのスカート　中原淳一
だれにでもできるお菓子と飲みもの　飯田深雪
ワイシャツのアイロンはこうして
ある女性の生き方から—第一回—　秋山ちえ子
室生犀星作「杏っ子」より　杏子の場合
それいゆ短篇小説
赤い帽子　遠藤周作
心臓に書かれた文学　I　石井桃子
きっく・おふ　阿部知二
男性のためのおしゃれノート　その3　ズボン　中原淳一
強烈な個性とムードのひと
寄立薫さんのドレス拝見
タオル　中原淳一
くらしの中のお茶

サラ・ディーン　連載第11回　キャスリン・ギャスキン　福島正実訳
若い人の手帖から
一着のドレスが何度仕立てかえられるか　1　中原淳一
ある姉妹
堀田育子・敬子さんの場合
望月美江・みどりさんの場合
彼はだれ？
新しいシルエットがつくる女らしさ　杉の葉会
靴の手入れは自分でしましょう
既製服はこんなふうに個性的に着る　酒井艶子
みんなにささえられて伸びる小さな芽　木下清
ぼくはしあわせなシャンソン歌手一年生
アップリケのある子供部屋のクッション　松島啓介
コーヒーをおいしくいれましょう
それいゆ歳時記
太陽と月と星のうた　鮎川信夫
49冊のそれいゆがつくる服装メモ　中原淳一
かわり御飯ア・ラ・カルト　諸家
それいゆ読書案内　北村太郎
アップリケ図案集　中原淳一・内藤瑠根・松島啓介
それいゆ・ぱたーん　製図と作り方

それいゆ
女性のくらしを新しく美しくする
特集 女ごころ
NO.51
1958
6

1958年6月号　No.51
特集・女ごころ
表紙　中原淳一
カット　鈴木悦郎・高橋秀
新町真策・松島啓介
伊藤明・加藤友彦
江口まひろ・野沢秀綱
松原憲次・秋吉宏柾
写真　東正治・尾崎一之助
山村公二・阿部正二
柳谷次男・佐藤明

それいゆ・ぱたーん　中原淳一
私は女ごころのこんなところにひかれる
宝田明・今井正・岡部冬彦・杉浦忠
朝汐太郎・大江健三郎・武井義明・フランク永井
特集　女ごころ
幸田文・横山美智子・江上フジ・中村汀女
田中澄江・北畠八穂・有吉佐和子・原田康子

渋沢多歌子・池田みち子・沢村貞子・岸田衿子
田井洋子・中里恒子・曽野綾子・戸川エマ
三井ふたばこ・水木洋子・波多野勤子
食卓の花はまねく人の心のあらわれ
二〇〇円の花が一杯にはなやかさをまきちらす　四〇円から　中原淳一
もめんのさわやかさを着る　中原淳一
洋服地できものをつくる　中原淳一
ピノキオ（人形）　松島啓介
スタイル画をかきたいひとへ　その7　中原淳一
季節のさかな　多田鉄之助
ある女性の生きかたから―第二回―
曽野綾子「春の飛行」より　滋子の場合　秋山ちえ子
名作ダイジェスト『女ごころ』
悪妻物語―その1―　中原淳一
サックドレスは誰にでも着られる　中原淳一
ゆかたと髪　中原淳一
一着のドレスが何度仕立てかえられるか　2　中原淳一
それいゆ短篇小説
心臓に書かれた文学　2　石井桃子
染井アパート　上林暁
寄港地　三谷茉沙夫
パリ通信　高英男
これだけは知っておきましょう
薬についての23項　宮本高明
それいゆ読書案内　北村太郎
青春のおおらかさとみずみずしさ
水色のムード　伊藤弘子さんのドレス拝見
夏は魅力的にシャツを着る
男性のためのおしゃれノート　その4　中原淳一
木綿のルーズなニュアンスを着る　秋吉宏枉
デラックススター　明日のホープ森美樹の魅力
暮しの研究―その15―包丁
花の詩集―詩の鑑賞―　鮎川信夫
客間のマッチ　中原淳一
自分でつくる庭の応接間　片山龍二
食卓を涼しく飾るサラダ　飯田深雪
彼はたれ？
夏にたのしむ四つのシルエット　酒井艶子
淋しがりやのコメディアン
現代のペーソスと洗練されたウイットの主　藤村有弘《BANSA》さん

たのしいエプロン　松島啓介
エンディ・宮本選手と婚約した話題のひと
内藤貴美子さんの幸多き日々から
壺のはなし　根上淳さんのコレクションから　大内順子
三日間で見たパリの印象
あなたは女ごころのどこにひかれますか？　（はがき回答）
人間の生き方の相違ということ　中里恒子
母娘通信その8
〈デザイン希望〉当選番号発表
それいゆ50号記念プラン中間報告
サラダ・ア・ラ・カルト　飯田深雪
サラ・ディーン　連載第12回　キャスリン・ギャスキン　福島正実訳
もめんのさわやかさを着る　製図と作り方
たのしいエプロン　作り方・型紙

それいゆ
女性のくらしを新しく美しくする
特集
積極的に生きる
NO52
1958
8

1958年8月号　No.52

特集・積極的に生きる

表紙　中原淳一
カット　鈴木悦郎・高橋　秀
松島啓介・野沢秀綱
勝呂　忠
写真　東　正治・尾崎一之助
山村公二・阿部正二
柳谷次男

それいゆぱたーん　中原淳一
女は一生美しく
十代（浅丘ルリ子）　吉屋信子
二十才前後（野添ひとみ）　吉村公三郎
二十代（司葉子）　曽野綾子
三十才前後（津島恵子）　沢野久雄
三十代（淡島千景）　井上靖
四十代（三宅邦子）　田村泰次郎
五十才前後（沢村貞子）　五所平之助
五十代（栗島すみ子）　中村汀女
特集　積極的に生きる
積極的であることへの反省　河盛好蔵
真実のふれあいを大切にする交際を　石垣綾子
自分がいつも時間を支配している人　十返肇

女らしい遺志でつくるくらしのはずみ　吉沢　久子
くらしをエンジョイする心のゆとり　戸川　エマ
ある女の生き方から―その3―　秋山ちえ子
佐藤鉄章作「季節風の彼方に」より　那村文江の場合
悪妻物語―その2―　中原　淳一
九月　―SEPTEMBER―　中原　淳一
メヌエット（人形）　松島　啓介
封筒のない時には　中原　淳一
季節のさかな　多田鉄之助
それいゆ歳時記
星のはなし
ヘアピースでまとめる髪　中原　淳一
ピンクはわたしの心をいろどる
吾妻徳穂さんのきものに見る　飯田　深雪
カナッペ　池田みち子
兄と妹
それいゆ短篇小説
心臓に書かれた文字　石井　桃子
青い夏　石崎　晴央
複雑な世界の中の小さなしあわせ　中黒　恒子
母娘通信・逗子―ニューヨーク　その9
それいゆ読書案内　北村　太郎
おいしいカナッペを作りましょう　飯田　深雪
僕の落書したアロハ・私のいたずら書きしたブラウス
寺本圭一・水谷良重・久米明・雪村いづみ・宝田明
おにぎりでお客様をもてなす　中原　淳一
花とともに生きる青年　柳原昌二君のあけくれ
暮しの研究―その16―照明器具
スタイル画をかきたい人へ―その8―　中原　淳一
詩の鑑賞―三つの山の歌　鮎川　信夫
おもちゃのバケツは花の針箱　松島　啓介
彼はたれ？
あなたの初秋をいろどる十着のドレス　中原　淳一
それいゆ50号記念プラン読者に贈るデザイン発表
糸巻によるアイディア　片山　龍二
幼稚園は子供たちが最初の社会生活をおくる場所　柳下　澄子
クールな美しさのなかにただようエレガンス
杉田弘子さんのドレス拝見
葉を活ける　中原　淳一

ジャズ歌手から邦楽へ
話題の青年家元　柴田修武さんをたずねる
一着のドレスが何度仕立かえられるか　3　中原　淳一
スターが語る日本映画史
無声映画時代　栗島すみ子
トーキー映画初期　夏川　静江
サラ・ディーン　連載第13回　キャスリン・ギャスキン　福島正実訳
九月　製図と作り方

1958年10月号　No.53
特集・結婚の条件
表　紙　中原淳一
カット　鈴木悦郎・高橋　秀
新町真策・松島啓介
野沢秀綱・江口まひろ
勝呂　忠
写　真　東　正治・尾崎一之助
山村公二・阿部正二
佐藤　明・大倉舜二
柳谷次男・寺崎　峻

結婚の条件
大宅壮一・白坂依志夫・杉浦幸雄・堀内敬三
船越英二・上原謙・古谷綱武・永井龍男
特集　結婚の条件　その1
結婚に踏切る時期　曽野　綾子
結婚生活のモラル　向井　啓雄
結婚の社会的意味　重松　敬一
結婚と世代の違い　氏家　寿子
愛情をはぐくむ努力　畔柳　二美
特集　結婚の条件―その2―テレフォン・アンケート
私はこんな男性とは結婚したくない
それいゆ5行メモ―ゆでる―
ある女の生き方から―その4―　秋山ちえ子
丹波文雄作「運河」より　久志本紀子の場合
秋の空気の中で　中原　淳一
ありあわせの器でこんなに楽しく食卓を飾る　飯田　深雪
赤い靴はいてた女の子（人形）　松島　啓介
詩の鑑賞―鏡を主題にした三つのうた　鮎川　信夫

スターが語る日本映画史
その3　高杉　早苗
その4　高峰三枝子
その5　久我　美子
おとなになったいづみちゃんに贈る五つのドレス　中原　淳一
都会の博物誌　串田　孫一
それいゆ50号記念プラン・短篇小説入選作発表
ひな　伊島その子
耳環　辻　美沙子
夜の挿話　池田　敬子
和彦ちゃん　臼井　紀子
特集　第一印象はあなたの一生を左右するか
写真物語―十年　私は夢をすてない　田中　澄江
秋をたのしむバービキュー　飯田　深雪
一対の典雅な大輪の菊のような
真鍋恭子さん、賀子さんのきもの拝見
暮しの研究―その17―すくうものとつまむもの
スタイル画をかきたいひとへ―その9―　中原　淳一
七五三をこんな風に考える　中原　淳一
アメリカの庶民住宅　トレイラー・ハウス　中里　恒子
母娘通信・逗子―ニューヨーク　その10
それいゆ歳時記
花と子供のクッション　中原　淳一
彼はたれ？
一着のドレスが何度仕立てかえられるか―4　中原　淳一
黒いカトレアのようなひと
デザイナー　中島弘子さんのおしゃれ訪問
放送と店の経営と妻の仕事と
東京と名古屋を結ぶ越山あつ子さんの新婚生活
もち網で作る棚　松島　啓介
若さと希望　ぼくたちは青春のリズムをうたう
スウイング・ウエストの八人のスター
アイディアを生かした台所用品　九重年支子
あなたの住居は生きている　片山　龍二
連載小説　サラ・ディーン　最終回　キャスリン・ギャスキン　福島正実訳
それいゆ読書案内　北村　太郎
ドレスとスウェターの作り方
花と子供のクッションアップリケ型紙（とじこみ）

それいゆ・ぱたーん　中原　淳一
今日を生きる
団令子・南広・水谷良重・エセル中田
夏木陽介・長嶋茂雄・高美アリサ・池山伊佐巳
特集　愛するよろこび
愛するよろこび　河上徹太郎
恋愛　谷川俊太郎
夫婦　石垣　綾子
親子　波多野勤子
きょうだい　畔柳　二美
師弟　河盛　好蔵
友人　庄野　潤三
しごと　松田　ふみ
くらし　吉沢　久子
趣味　江藤　淳
それいゆ歳時記
それいゆ読書案内　北村　太郎
春を待つこころ　中原　淳一
ミハイル・フォーキンの芸術
マドモアゼル・ド・パリ―人形―　松島　啓介
こたつに入っておしゃべりしながらできるもの　中原　淳一
こんな帽子はこんなにしてかぶっては？　中原　淳一
舗道と空と風と光と　加藤　友彦
一着のドレスが何度仕立てかえられるか―5―　中原　淳一
冬のくらしをいろどるための百科　中原　淳一
あなたの手でよそおうはつ春の髪　中原　淳一
きものの表情をきめる着付のポイント
「ゲイシャ・ボーイ」出演をめぐって
くらしの研究―その18―ぞうりとげた　渥美　延

それいゆ
女性のくらしを新しく美しくする
特集 愛するよろこび
NO54
1958
12

1958年12月号　No.54
特集・愛するよろこび
表　紙　中原淳一
カット　鈴木悦郎・高橋　秀
新町真策・野沢秀綱
伊藤　明・加藤友彦
難波淳郎
写　真　東　正治・尾崎一之助
山村公二・阿部正二
大倉舜二・柳谷次男

詩の鑑賞　夢を主題にした三つのうた　鮎川　信夫
スタイル画をかきたいひとへ　その10　中原　淳一
ある女の生き方から　その5　秋山ちえ子
原田康子作「輪唱」より　三人姉妹
それいゆ短篇小説
寒駅　沢野　久雄
マリア交響曲　石崎　晴央
『僕のそばに一生いて』　大田　洋子
歯は山に　室生　犀星
彼はたれ？
天火がつくるゴージャスな食卓　飯田　深雪
「きものの深さがたまらなく懐かしい」
という有吉佐和子さんのしごとときもの
一・二メートルでつくるワンピース　酒井　艶子
土と火が描き出す青春の日々
陶器づくりに生きる川合千江子さんの場合
プレゼントにこんな小さなたのしさをそえて　松島　啓介
薪のワゴン　片山　龍二
伊東絹子さんが洋装店をはじめました
アルバムはこんなふうに貼りましょう　中原　淳一
ずいひつ
スミレの花　阿部　知二
ゴッホとひまわり　森　茉莉
美しい心のアルバムに　伊吹　武彦
手探りの人生　佐藤　鉄章
銀の凩　池部　良
天火を使っておいしいお料理をつくりましょう　飯田　深雪
作り方と製図

それいゆ

1959年2月号　No.55
特集・若さということ

表　紙　中原淳一
カット　鈴木悦郎・高橋　秀
松島啓介・伊藤　明
江口まひろ・古代たかよし
写　真　東　正治・尾崎一之助
山村公二・阿部正二
大倉舜二・柳谷次男

それいゆ・ぱたーん　中原　淳一
若い世代に注文する
石原裕次郎　南博・野村万作　飯沢匡
中原ひとみ　畔柳二美・岡田茉莉子　杉村春子
旗照夫　中原淳一・ペギー葉山　秋山ちえ子
柳沢真一　徳川夢声・山本豊三　田宮虎彦
特集　若さということ
情熱　遠藤　周作
純粋さ　谷川俊太郎
柔軟さ　村松　剛
自負　曽根　綾子
感受性　佐古純一郎
反抗　澁澤　龍彦
好奇心　桂　芳久
不定性　藤島　泰輔
衝動　瀬戸内晴美
オーヴァーをぬぐ季節に　中原　淳一
PONY　TAIL（人形）　松島　啓介
詩　雪が降る　諫川　正臣
お台所のまわりをたのしく　松島　啓介
都会の博物誌　串田　孫一
たのしかったアメリカの旅　朝丘雪路さんのおみやげ拝見
スカートのシルエットはペティコートでつくれる
きものに書いた墨のいろをたのしむ　篠田　桃江
ある女の生き方から　その6　秋山ちえ子
田宮虎彦作「祈るひと」より　暁子の場合
それいゆ読書案内　北村　太郎
PRINCESS　LOOK
杉野芳子・田中千代・鈴木宏子・伊藤すま子・伊東孝
伊東茂平・森英恵・桑沢洋子・中原淳一・中林洋子

キリン　松島　啓介
フラ・フープ　遠路　次郎
毛糸編みのドレスをこんなふうに着る　酒井　艶子
くらしの研究—その19—やかん
スタイル画をかきたいひとへ　その11　中原　淳一
詩の鑑賞「藤村詩集」より　鮎川　信夫
それいゆ短篇小説
遠い声　結城　信一
遠い森　原田　康子
パリの留学生　芹沢光治良
母娘通信・複雑な過去をかかえて　中里　恒子
お料理以前
写真物語　〝霧〟　小沼　丹
彼はたれ？
小さなお客さまのために　飯田　深雪
一着のドレスが何度仕立てかえられるか　6　中原　淳一
伝統の世界に新しく生きる
坂東喜久子さんの青春の日々
革手袋の手入れをするときに　近藤　美雄
ゴージャスな雰囲気を孔雀のようにただよわせて
理知的な瞳の美しい人・松崎美子さんのきもの拝見
BOLT　片山　龍二
ことしのホープ100人
くらしの5行メモ—みがく
悪妻物語　その3　中原　淳一
小さなお客さまのために・料理のつくり方
それいゆ歳時記
製図とつくり方

それいゆ・ぱたーん　中原　淳一
身近な男性にみる男の世界
石井光次郎　石井好子・加東大介　沢村貞子
水原円裕　水原佳応子・仲代達矢　中村たつ
久保田万太郎　杉村春子・白木秀雄　水谷良重
吉行淳之介　吉行和子・石井龍一　海老原久子
特集　男の世界
男は一生働く　中原　淳一
男だからということば　河盛　好蔵
愛妻家といわれるのは　古谷　綱武
男のロマンチシズム　串田　孫一
男のずるさ　荒　正人
男は女より自由か　花田　清輝
無意味な男のうそ　十返　肇
男の高さと低さ　山本　健吉
男の競争心　門田　勲
男の嫉妬　望月　衛
映画にみる男の怒り　津村　秀夫
男は家庭の孤独者　本多　顕彰
男の涙はいつ流される　耕　治人
それいゆ歳時記
花と若葉とそよ風の季節　中原　淳一
庭の少女　松島　啓介
形式はいつの場合にも必要があって生れた　中原　淳一
詩　崩れてゆく　諫川　正臣
ある女の生き方から　その7　秋山ちえ子
沢野久雄作「抱かれた人」より　一枝といづみ
男性に関する七つのコント
梅田晴夫・佐々木恵美子・成尾魏
朝食について考えてみましょう
アンケート　うちではこんな朝食を　吉沢　久子

それいゆ
NO56
1959
4

1959年4月号　No.56
特集・男の世界
表紙　中原淳一
カット　鈴木悦郎・高橋　秀
松島啓介・野沢秀綱
新町真策・江口まひろ
明石まさひこ
写真　東　正治・尾崎一之助
山村公二・阿部正二
大倉舜二・柳谷次男

粋とエキゾチックのミックスした愛らしさ
新鮮なコケットの魅力　団令子さんの衣裳拝見
いちごをつかって簡単にできるもの　飯田　深雪
巴里通信　高　英男
それいゆ短篇小説
港まで　阿部　知二
湯村の恋　三浦　哲郎
まぼろし　中里　恒子
それいゆ読書案内　北村　太郎
男性処方　高橋　義孝
花の季節のために花の帽子を　中原　淳一
可愛らしいまくらカバー　松島　啓介
銀座のおまわりさん
五月の水に浮かせた花　中原　淳一
くらしの研究―その20―お酒の道具
近代詩の先駆者「北村透谷」　鮎川　信夫
おへやに春を　松島　啓介
悪妻物語　その4　中原　淳一
ハイキング・メモ
くらしの五行メモ―ほす―
都会の博物誌　串田　孫一
彼はたれ？
若い季節のためにダンディなよそおい　酒井　艶子
花と小鳥のブラッシング・カバー　松島　啓介
銀巴里　その夜のムードを奏でる歌
一着のドレスが何度仕立てかえられるか　7
黒とベージュが私の装いの基本色　中原　淳一
犬養道子さんの外遊前一週間の装いを追って
かろやかなきものの季節　中原　淳一
パリの春のモード　1959
ボルトと木箱でつくる飾り棚　片山　龍二

それいゆ
NO57
1959
6

1959年6月号　No.57
特集・結婚の考え方

表　紙　中原淳一
カット　鈴木悦郎・高橋　秀
松島啓介・野沢秀綱
江口まひろ・明石まさひこ
写　真・東　正治・尾崎一之助
山村公二・阿部正二
大倉舜二・柳谷次男

それいゆ・ぱたーん　中原　淳一
私の結婚についてこう思う
田宮二郎・米倉健司・安達瞳子・高島忠夫
中原美沙緒・伊東絹子・ロイ ジェームス・森徹
特集　結婚の考え方
結婚式の「式」への疑問　中原　淳一
嫁入り道具の再検討
1　調査資料
2　家具
3　寝具
4　衣料
5　電気器具
6　台所用品
ふたりの夏　中原　淳一
ゆかたの話　中原　淳一
黄色いイアリング　松島　啓介
詩　新しい繃帯　諫川　正臣
簡単に出来るエプロン　松島　啓介
手作りの帽子のたのしさ　中原　淳一
すがすがしい夏をおくる10のこころえ
ある女の生き方から　その8　秋山ちえ子
石坂洋次郎「ある日わたしは」より　ゆり子の場合
それいゆ読書案内　北村　太郎
お弁当の研究　吉沢　久子
フォト・ストーリイ　待つこころ　安岡章太郎
リゾート・ウェア　酒井　艶子
食卓に涼しさをよぶたべもの　飯田　深雪
それいゆ短篇小説
接吻　石崎　晴央
三人　芝木　好子
上高地　尾崎　一雄

長い道中には思いがけないことが（母娘通信）　中里　恒子
それいゆ歳時記
BRUSHING COVER　中原　淳一
夏のおへやにたのしさを　松島　啓介
特集　アパートのふたりの暮らし
1　玄関にたのしさを
2　押し入れを洋服かけに
3　コンクリートの壁に棚をつくる
4　一室アパートに住むふたりのために
5　アパートぐらしのメモ
「白羊宮」の薄田泣菫の詩から　鮎川　信夫
都会の博物誌　串田　孫一
わたしは水色が着たい
シャンソン歌手高美アリサさんの衣裳しらべ
一着のドレスが何度仕立てかえられるか　8中原　淳一
彼はたれ？
お菓子の空箱でつくる小物入れ　中原　淳一
Key holder　松島　啓介
悪妻物語　その5　中原　淳一
くらしの5行メモ―はかる―　秋山ちえ子
訪問ともてなしの技術　吉沢　久子

1959年8月号　No.58

特集・美しいくらしをつくろう

表　紙　中原淳一
カット　鈴木悦郎・高橋　秀
野沢秀綱・江口まひろ
明石まさひこ
写　真　東　正治・尾崎一之助
山村公二・阿部正二
大倉舜二・柳谷次男

美しいくらしをつくる八つの要素
井上靖・池部良・田中澄江・沢野久雄
淡路恵子・河上徹太郎・中村汀女・町春草
美しいくらしをつくるために　大宅　壮一
美しいくらしをつくる50のキイ
それいゆ歳時記
ファッション・ストーリー　秋近く　中原　淳一
ミート・ア・ラ・カルト　飯田　深雪
都会の博物誌　串田　孫一
とんがり帽子―人形―　松島　啓介
秋の戸外へのおさそい　明石まさひこ
家庭電化による余暇をどう利用するか
その一　家庭電化の速度とその意味
その二　65の実例の示すもの
その三　家庭電化のひとつの疑問　吉沢　久子
南国の空の深さと情熱のひと
ペギー葉山さんのドレス拝見
砂時計
かごのバッグに花をいける　松島　啓介
秋のおとずれを待つ　酒井　艶子
ある女の生き方から　その9　秋山ちえ子
井上靖作「ある落日」より　三名部清子の場合
おざなりになりがちな主婦の昼食を考える
その一　実態調査から
その二　おひるごはんと女のしごと　吉沢　久子
その三　おひるごはんのアイディア　吉沢　久子
くらしを美しくするためのアイディア　松島　啓介
それいゆ短篇小説第二回応募作品発表
冷たい手　中原　宇乃
真珠と少年　小島　良子
姉妹　小暮　令子
母の椅子　浦　聖子
夕凪の来る日　大仏　法子
赤いキノコ　麻生　孝子
八重ざくら　田辺瑳映子
カメラ・ルポ　午後六時の銀座
日本のくらしのなかで考える
レストラン「ケテルス」のマダムとその周囲
カメラ―くらしの研究　その21―
ふきんかけを利用した整理ポケット　松島　啓介
北原白秋の作品より　鮎川　信夫
はさみのケースをつくりましょう　松島　啓介
白よ来年の夏まで
なぜ彼女は修道院へ入ったか？
映画「尼僧物語」の疑問点から
彼はたれ？
壁はこんなにたのしくなる
家をいためないたのしい棚のスタイルブック　片山　龍二
花魁（おいらん）になった私　有馬　稲子

「浪花の恋の物語」の梅川花魁の顔と着付
端布がいろどるマット　松島 啓介
読書の意味　北村 太郎
お料理以前
お化粧のＡＢＣ
肉の料理　作り方　飯田 深雪
「秋近く」ドレス作り方

1959年10月号　No.59

特集・愛情の問題

表　紙　中原淳一
カット　鈴木悦郎・高橋　秀
野沢秀綱・江口まひろ
明石まさひこ
写　真　東　正治・尾崎一之助
山村公二・阿部正二
大倉舜二・柳谷次男

親と子の距離
谷川徹三　谷川俊太郎・伊藤弘子　伊藤熹朔
山田真二　山田五郎・高杉早苗　市川団子
大河内信敬　河内桃子・水谷八重子　水谷良重
芥川也寸志　芥川文・中村メイコ　中村千枝子
特集　愛情の問題
愛の倫理　串田 孫一
生きている愛情　戸川 エマ
愛情の積極性　石垣 綾子
愛の中の孤独・死　谷川俊太郎
男の愛情・女の愛情　望月 衛
愛は惜しみなく与えうるか　佐古純一郎
恋愛と友情　江藤 淳
愛情の拘束　奥野 健男
愛情の疲れ　田中 澄江
愛情の危機　遠藤 周作
愛情がもたらすもの　堀 秀彦
しずかな愛の醸成　中里 恒子
ファッション・ストーリイ　秋のシムフォニイ　中原 淳一
みじかい髪にもかぶれる帽子
秋の日のうた　酒井 艶子
トランプのクッション　中原 淳一

白い靴（人形）　松島 啓介
あなたの装いにチャーミングポイントを　加藤 友彦
五つの小説にあらわれた「愛」について　北村 太郎
愛情の名作ダイジェスト　石崎 晴央
情熱を秘めた黒百合の花　南田洋子さんのきもの拝見
秋の深さを着るパリのスーツ
たまご（料理）　飯田 深雪
友情に支えられたしあわせな日々　ノブ・マッカーシー
ハリウッド生活一年をふりかえって
ある女の生き方から　その10　秋山ちえ子
川端康成「風のある道」から　竹島宮子の場合
新しい寝具について考える
手芸がつくり出す生活の夢
松島啓介・順子さん夫妻のしごととくらし
ショールとストールのヴァリエーション　渡辺 和美
ふたりのへやに花のくつ　中原 淳一
パン　―くらしの研究　その22―
石川啄木の作品　抒情詩の鑑賞　5　鮎川 信夫
イニシアルのあるへやばき　松島 啓介
あなたの肌はどんなタイプですか
それいゆ短篇小説
女剣士　火野 葦平
三渓園　結城 信一
夢の港　原田 康子
それいゆ歳時記　片山 龍二
食卓のまわりをたのしく　松島 啓介
彼はたれ？
ジュモンモック　高 英男
男性対女性（対談）　杉浦 幸雄・杉村 春子
夜食をめぐって　吉沢 久子
夜食のアイディア
はがきの効用

それいゆ
女性のくらしを新しく美しくする
特集 明日のための今日を
NO60
1959
12

1959年12月号　No.60

特集・明日のための今日を

表　紙　中原淳一
カット　鈴木悦郎・高橋　秀
　　　　野沢秀綱・江口まひろ
写　真　東　正治・尾崎一之助
　　　　山村公二・阿部正二
　　　　大倉舜二・柳谷次男

明日のための今日を生きるひとびと
　ミッキーカーチス・江藤欄子・市川染五郎・桑田武
　芳村真理・岡本喜八・上条美佐保・清水まゆみ
　水原弘・本郷功次郎・アベ　チエ・奈良原一高
　平岩弓枝・大藪春彦・幸田良子・叶順子
明日のための今日を　阿部知二
ルポルタージュ　明日のための今日を　吉沢久子
それいゆ読書案内　北村太郎
ずいひつ　冬の旅
　冬の海南島　尾崎一雄
　山の湯　中村汀女
　スキーを楽しむ　中屋健一
　冬の滝　岡部伊都子
ファッションストーリー　冬が来て　中原淳一
アイロンのしまえるアイロン台　片山龍二
花の帯　中原淳一
おでかけ（人形）　松島啓介
君死にたまふことなかれ　ほか晶子詩集より　鮎川信夫
日記というもの
　1　アンケート　諸家
　2　文学者の日記　中里恒子
ノーブルな白の印象　司葉子さんのご衣裳拝見
シャンソン歌手に踏切った島崎雪子さん
冬のつどいのために　飯田深雪
つどいのためのメモ
つどいの料理　作り方
買物じょうず
のみものの手帖
アップリケでたのしく　松島啓介
つどい日のおしゃれ　加藤友彦
毛皮とワッペンの遊び　酒井艶子
彼はたれ？
新しい光の中に咲く冬薔薇
　前田弥々子さんの海外旅行の衣裳プラン
ママの日記
それいゆ短篇小説
　かもめ　小沼　丹
　華やかな死　平岩弓枝
指輪　三谷茉沙夫
クリスマスのムードをたのしむドレス　加藤友彦
組み合わせておくるプレゼント
家を建てるのはむずかしくありません
巴里のバラ　高　英男
歳末から新年へかけてのくらし
プレゼントの手芸・作り方
冬が来て・作り方

1960年2月号　No.61

特集・おとなになったばかり

カット・鈴木悦郎・高橋　秀
　　　　野沢秀綱・江口まひろ
　　　　明石まさひこ・荘司栄朗
写　真　東　正治・尾崎一之助
　　　　山村公二・阿部正二
　　　　大倉舜二

愛される女性
　井上靖・市川雷蔵・山田夏精・渋谷実
　小島正雄・神山繁・水野成夫・佐分利信
おとなになったばかり
　おとなの女の愛のきびしさ　田中澄江
　B・Gとしての仕事のきびしさ　松田ふみ
おとなになったばかりのあなたの美容ノート
ああ無残の記憶に祈る　松島三那子
香川弘美さんの三周忌にささぐ
愛らしい魅力を生かすドレス　中原淳一
お仕事はゴキゲンでもやっぱり日本がいい　松田和子
　パリで活躍する松田和子さんの今井さんへの私信から
おもちゃのユニット　松島啓介
小さなエンジニア《人形》　松島啓介

抒情詩の鑑賞—高村光太郎の作品— 鮎川信夫
この夢のかげに—連載第一回— 秋山ちえ子
四千円で売った自由　ニュー・フェイス物語
それいゆ読書案内 北村太郎
伊藤幸雄
プランタン 佐藤昌彦
絵・原雅夫
今日の和服を今日の感覚で着こなす 中原淳一
明かるい陽ざしの中のB・Gたちのために
身近な既製服の中からみつける
おとなになったばかりのひとのために
—小さな髪のスタイルブック
牛山喜久子・名和好子・山野愛子・メイ牛山
台所用品はどれだけ必要か　—実態調査—
アメリカの旅から 明石まさひこ
あるソファーの物語 片山龍二
それいゆ短篇小説
芽ばえ 畔柳二美
雪の下から 沢野久雄
三度目の男 なだいなだ
花のワルツ—手芸— 松島啓介
あなたのお部屋の壁はショーウインドウ 片山龍二
おしゃれのたのしさ　3mのプリントでつくる 酒井艶子
よせなべとお好み焼き 飯田深雪
彼はたれ？
ママの日記
光を演出するひと
照明デザイナー　今井直次さんの仕事とくらし
ルポルタージュ
母親に子供に一冊でも多くの本を 成尾魏
東京都立青梅図書館「むらさき号」の活躍
あたたかい手とパリの菫
パリの生活から—第四回 高英男
たのしかった時代《ずいひつ》
岩田専太郎・淡谷のり子・生沢朗・森田たま
古賀政男・杉浦幸雄・吉屋信子
それいゆ歳時記
ドレス作り方

1960年4月号　No.62

特集・男の眼

表紙　佐藤明
カット　鈴木悦郎・高橋秀
江口まひろ・真鍋博
黒岩一雄
写真　東正治・尾崎一之助
山村公二・柳谷次男
大倉舜二・柳本史郎

夏の詩集
鮎川信夫／R・M・リルケ／谷川俊太郎／西脇順三郎
特集　男の眼
男の眼の8つのポイント
眼／唇／髪／衿あし／胸あき／手指／脚／足先
男の眼51項
女性の見た『男の眼』の四つの視点
きびしさ　吉沢久子／いやらしさ　鯨岡阿美子
底の深さ　西村みゆき／ずるさ　田中澄江
男の眼の五つの魅力
川端康成　中里恒子／木村功　平岩弓枝
アラン・ドロン　小森和子／ケリー・グラント
松田和子
若い男性のキャメラ・アイ
このひとの魅力を語る
デボラ・カー　芥川比呂志／マリリン・モンロオ
武智鉄二／岡田茉莉子　岡本太郎／岸田今日子
ロイ・ジェームス
フォト・クイズ《男の眼》
若い男性のデイト・アンケート
座談会「男の眼はかく語る」　司会・暉峻康隆
B・Gの夏の24時間
加藤友彦／芦田惇／西田武男／米山ヒデミ
岩田弘子／金井美代子／酒井艶子／渡辺和美
カット　柳原良平／詩　疋田寛吉
サンディ・ドレスメーカー 酒井艶子
BLOUSE LOOK
ブラウスでおしゃれする
芦田惇／米山ヒデミ／岩田弘子／酒井艶子
青田利子／佐藤昌彦／伊藤幸雄／金井美代子
渡辺和美／え　佐藤昌彦

レインコートファッション　雨に唄えば
雨に咲く四つの花
中村乃武夫／渡辺よしひこ／西田武男／加藤友彦
え　穂積和夫
特集　夏　Summer holldays
夏山のファッション
安東武男／中村乃武夫／宮内　裕
スピーディな野外料理のメニュー　吉沢　久子
海外モードのリゾートウェア
旅のコンダクター・彼はたれ？
たのしい旅のためのメモ　遠藤　順子
パリの娘とナポリの娘　荻　昌弘
ヌーベル・バーグについて　秋山ちえ子
この夢のかげに（第二回）　池部　良
対談「何が僕を結婚に踏み切らせたか」　中原　啓一
ネオンものがたり
もし、その日が雨だったら
随筆　高橋義孝／佐々木久子／池田弥三郎／水木洋子
それいゆ短篇小説
「小さな罪」　阿部　知二
寄港地の表情
ちょっと町まで《手芸》　松島　啓介
家を出す　河原　淳
ウチワのころもがえ　松島　啓介
ママの日記
スケッチブックをもったおのぼりさん　明石まさひこ
ふたりの夏　松島　啓介
それいゆ読書案内
それいゆ歳時記
ドレスの作り方
三ケ月のメモ
お人形型紙
特集　結婚一年の決算
結婚生活の創造性　重松　敬一
結婚一年のアンケートから
退屈がさせる世帯やつれ　田伏　中子
夫婦の演出　梅田　晴夫
成尾　魏

それいゆ
1960 autumn
No.63
特集
愛する

1960年8月号　No.63
特集・愛する
表　紙　佐藤　明
カット　鈴木悦郎・高橋　秀
江口まひろ・金森　馨
黒岩一雄・薪　七郎
釘宮　友
写　真　東　正治・尾崎一之助
山村公二・大倉舜二
柳本史郎

それいゆパターン・スーツの季節
特集　愛する
フォート・ストーリー　愛はふたりを　疋田　寛吉
カメラ・大倉　舜二
104人の恋愛体験報告
愛の始まり／不安な心理／恋愛と結婚
破局に終った恋／恋とセックス／恋愛とは
銀座のふたあり
ほゝえましいペアを追って
恋がいっぱい〈動物園のひるさがり〉
恋にお金はかゝらない
ある恋のアングル
座談会「現代の恋」　司会　谷川俊太郎
恋人たちのおしゃれ　明石まさひこ
恋するあなたに　内藤　ルネ
あなたの恋のアクセサリー
それいゆ読書案内　北村　太郎
移り変わる恋愛観
特集　アパートの暮らし
アパートの暮らし
アパートの暮らしを愉しくするために
アパートの電気器具と照明
アパートの家具
アパートの設備
アパートの窓辺を飾る草花
アパートの住い方〈6帖の洋間の使い方〉
4つの例
アパートの台所用品
アパートを選ぶために
アパートを選ぶために知っておきたいこと
アパートの中味拝見

ダイニング・キッチン
アパートの間取り
アパートの部屋の中で
家具が占めているスペースについて
アパートはこんなふうに利用されている
アパートに入るにはどうしたらいいでしょう
ファッション歳時記　女の秋
芦田惇／岩田弘子／加藤友彦／金井美代子
久我あきら／酒井艶子／中島豊子／中島弘子
中村乃武夫／西田武男／宮内裕／米山ヒデミ
渡辺和美／渡辺よしひこ
秋が来て〈海外モード〉
サンデイ・ドレスメーカー　酒井　艶子
スカートとストールのペアを作りましょう
布団は簡単に出来る
プロに教えてもらった布団の作り方
布団を縫う前に
科学とメルヘンと愛と〈昆虫館のあるじ〉
矢島稔・和子夫妻を訪ねて
随筆・秋
耕治人／宮城まり子／芹沢光治良
慶事・弔事の装い　大内　順子
洗剤ア・ラ・カルト　田伏　中子
同級生のつきあい
ジャズは聴覚をしびれさせる麻薬　後藤　亘
〈映画・真夏の夜のジャズ・より〉
映画・黒い肖像より
いつもいっしょ〈手芸〉　松島　啓介
寄港地の表情・その2
それいゆ歳時記
三ケ月のメモ
ドレスの作り方
お人形の作り方
人形の型紙
小説「夏の訣れ」　三浦　哲郎

復刻版

それいゆ

全6冊 別冊1

ISBN978-4-336-04237-8

平成12年3月25日第1刷発行
平成25年11月25日第3刷発行

監修者　中《なか》原《はら》蒼《そう》二《じ》

発行者　佐藤今朝夫

発行所　株式会社 国書刊行会
〒174-0056 東京都板橋区志村1-13-15
TEL.03－5970－7421
FAX.03－5970－7427

印刷
製本　野崎印刷紙業株式会社

装幀
編集　株式会社 ひまわりや